あしたの太鼓打ちへ

増補新装版

林英哲

羽鳥書店

林英哲がいなければ、太鼓は単なる〝和太鼓〟でしかなかった

――音楽プロデューサー・星川京児

The Heart of The Beat
A message to the next generation of taiko drummers
Eitetsu Hayashi
Hatori Press, Inc., 2017　ISBN 978-4-904702-68-0

あしたの太鼓打ちへ　増補新装版

目次

Ⅰ　太鼓論

Ⅱ　太鼓談

Ⅲ　太鼓録

Ⅳ　太鼓記

I 太鼓論

その一　僕に流儀はない

「日本の太鼓の基本を教えて欲しい」と、請われることがあります。日本の太鼓全部に共通する「メソッド」に相当するものは、はっきり言って、ありません。古典邦楽の太鼓と、民俗芸能の太鼓は全く違うものですし、民俗芸能と一口に言っても、各地の固有の芸能はそれぞれが独自の発達をしています。九州の人と東北の人が方言では会話ができないようなものです。それくらい、違います。

地域の特徴を生かした「郷土芸能」であることが存在意義になっている太鼓では、「共通語」でしゃべることは何の価値もありません。太鼓は「訛っている」ことこそ、重要な美点（武器）なのです。

地域で「町おこし」のために太鼓をやっている人たちには、くれぐれもその自覚と責任、そして自信を持って頂きたい、と思います。

僕が、自分の流儀を唱えないのは、そういう理由です。僕と同じような得体の知れないものが（卑下しているのではなく、背景を持たない新興の芸能だという意味）簡単に生まれているのは文化の脆弱《ぜいじゃく》です。地方の文化、ひいては日本の文化が、それだけ力を失ってきた証拠のようで愕《がく》然《ぜん》とする思いです。太鼓ブームと言われますが、喜べない状況です。

僕は郷土の芸能や風俗が好きで、各地でそういう芸能を学び、恩恵を受けましたから、そういう土地の薫りのするものが衰退するのは残念でならないのです。

だれもがそうは思うでしょう。

ただ、そう思ってもそうはならないのは、今の状況は、そういう行事を支えてきた稲作や林業などの、土地に根付いた連鎖の文化が、ここへきて一挙になし崩しになっているということです。芸能だけの責任ではない。昔からの行事を支えるだけの力も、積極的な必然性も見えないのです。勢い、観光化という手しかなくなる。

誰かのせいかもしれないが、でもその犯人捜しをすれば、当然、自分もお縄にかかる。責任もある。あなたも、私もみなそうです。

今、という時代の難しさです。

だから、僕のやっている太鼓は僕だけの「個人の方言」のようなもので、その意味では取るに足らぬもので、はっきり言って、今の状況の何の解決策にもなりませんが、今までのわずかばかりの経験から得た「表現の獲得」について、これなら、少しはこれから始めようとする誰かへの手掛かり、もしくは警鐘《けいしょう》になるかもしれない、そう思って、この小文を書くことにしました。

明日の太鼓打ちへ

初回は、「BUTOH」という舞踊形式を世界に認知させ、多くの舞踏家を輩出した大駱駝艦《だいらくだかん》の主宰者、麿赤兒《まろあかじ》さんの言葉の引用で締めます。
「初めから、バチを持とうなんてね、十年早いんだよ。そんな奴は、十日くらい土に埋めて、考えさせるんだね」

初心者は、肝に銘じるように。

その二　記憶が肉体になる

身をやつす、というのは、芸能の特徴です。本質、と言ってもいいかもしれません。モノマネが受ける時代ですが、あれは、立派な表現なのです。

自分以外の何かになってみること。風になってみる、土になってみる、水になってみる——故郷を持たない太鼓打ちは、そういう原始のイメージを肉体化できなければならない。

前節の、磨さんの「土に埋める」話は、そういうたとえで、肉体を「土俗化」するというこの発想は名言だと思います（因みに正直者の僕は、「らくだ」ではほんとに土に埋めてるんで？と聞いたのですが、「そんなことしたら、誰も来んよ」ということでした）。

「風になってみる」ために、ハンググライダーで飛んでいる太鼓好きもいますが、まあ、それもいいでしょう。

　僕の場合は、二十代の半ばまで、走って走って走り込む、という生活でした。佐渡の真冬は毎日が台風のようで、それがシベリアからの霙《みぞれ》混じりの横殴りの嵐になって吹きつけます。その中を裸で、朝の四時過ぎ、真っ暗なうちから走るのです。合宿だったのですが、走っていて全員このまま死ぬのか、と思ったような吹雪もありました。

　夏は炎天の下で、倒れるまで走る。実際に、ひ弱だった僕は、よくひっくりかえった。それは、一生をそこで生きて行く島の人間ではないからこそ、やれた。言ってみれば、生《なま》の生活ではない虚構の疑似体験でした。

　二十代の後半は、旅と舞台の明け暮れです。舞台では出ずっぱりで全力連打でしたし、大道具の準備も片付けも、幕引きもやる。ボストンマラソンには毎年出て、完走してゴールで太鼓を打つなんてことも続けていましたから、走るのは旅先でも練習する。

　楽しいとか、嬉しいとかの問題ではなく、それしかない生活、当時はそうでしたが、あれが、あの記憶が僕の肉体にすみついてしまった。

　血を流し、汗を滴らせて染み込んだ記憶は、もう嫌だと思っても出て行ってくれません。記憶が肉体化したのだという気がします。

それで、僕が何かになれたか、風になれたか、土になれたか、というと、自信はありません。ただ、僕はそういう生活の中で、人間の、「命」といったものや、「孤独」ということに行き当たりました。遠い遠い遥か彼方から、けし粒ほどの自分がやってきたような気がし、今、隣で走っている仲間の苦しさは、これはどうも分かちあえない、お前はお前で頑張れよと言うのが精一杯、ということもわかり、しかし、今の命が自分限りのものでなく、連綿と続いてきた流れの中にいることも感じました。

それが、風雪の記憶のせいかどうかはわかりません。

ですが、方法はどうであれ、我々が、肉体を介在させる表現をやっている以上、そういう経験を通して体を作ることは避けて通れないのです。既に形を成している「伝統」を目指さないからには、それに代わる説得力を持つ表現（肉体）を獲得しなければならない。

これは、ひとつの例です。

あなたには、あなたのやり方がある。今ある、既成のできあがった伝統を、ただなぞっているだけでは、何も出てきません。それを「伝統」だというのなら、伝統に失礼です。座っているだけでは、あなたの肉体は何のイメージも持てない。とにかく肉体化すること。肉体化した記憶が、表現の出発点なのです。

明日の太鼓打ちへ

〈腕を動かすのが、太鼓の練習だと思っているからね、いけないいんで。「目」を使え、「耳」を使え、「頭」と「足」も使いなさい。腕だけに頼っていると、ケガするよ。〉

その三　太鼓を打つ意志

人間には意識（無意識も含めて）があります。意識が意志を生みます。それが、どこからやって来るのか不思議に思うことがあります。

太鼓の表現を支えるのは、意志と肉体で、「頭」と「体」の連動がうまくいって初めて「表現」になる。ややこしそうですが、つまり――太鼓を打たずにはいられない、切実な事情――そういうものが「体」の後押しをする。

太鼓は訴求力の強い楽器ですから、例えば「日照りが続いてなんとか雨を降らしたい」と一心に打つ時の音は、他のどんな時より力強いだろうし、もし雨が降って狂喜する時の太鼓は、どんな時より感動的だろうと思います。

そういう時に、太鼓に仮託する人々の心は、太鼓の音の比ではない、もっと強く激しいはずで、その気持ちが太鼓を通して響く。

強い切実な意志が一番劇的な効果を生むのは、太鼓ならではでしょう。「町おこし」という形の太鼓は、そういう意味では、事情は昔と同じです。

ただ、「日照り」のように、逼迫《ひっぱく》した事情はそういつもあるわけではないので、レベルもそこ止まりになる。

僕が訓練中に受けた体験は、常に疑似「日照り」状況を作っていってレベルをひき上げようとした。それができたのは、六〇年から七〇年代の世界の若者が持っていた、社会を変革したい、という強烈な「時代の意志」が後押しをしたからでもあります。

「世の中に丸めこまれて、たまるか」と、誰もが思っていたような時代……。

若気の到りですが、あの時代にそうやって新しく生まれたものは多いのです。音楽や演劇や、さまざまな地域の文化活動（飛騨のオークヴィレッジなども）、言ってみれば、我々と時代の幸運な出会いだった。

沖縄に「残波大獅子太鼓《ざんぱうふじしだいこ》」という若いチームがあります。

新興の太鼓の例に漏れず、彼らもビデオなどでテクニックを身につけたチームですが、是非にと沖縄に招かれて初めて見た時に、技術は未熟にもかかわらず、その表現の切実さに感動したことがあります。

沖縄の過去から現在にいたるさまざまな状況の中で、今までの沖縄の伝統表現だけでは、現在、それらの問題と闘って生きている自分たちの意志を伝え切れない、という想いから、ヤマトの太鼓のようだ、と言われるのを覚悟で新たにはじめたのだと思います。

確かに本土の太鼓の形式や、僕のスタイルを踏襲してはいますが、明らかに「沖縄」の血とでもいうのでしょうか、それが流れているのを感じる。気迫が、ヤマト的な形式や稚拙さを、乗り越えている。

いや、稚拙でヤマト的なスタイルだからこそ「うちなー（沖縄）」の生命が逆に浮かび上がったのかもしれません。

彼らの意志を支えているのは、沖縄や、（当時）彼らの住んでいる読谷村《よみたん》の社会事情によるものだと思いますが、そういった社会的な事情であれ、個人的な事情であれ、太鼓の表現を後押しするのは、技術や細かい技だけでなく、切実な「意志」なのです。


「思いあれば、技術は後からついてくる」

と言ったのは、工芸家の河井寛次郎ですが、そういうものを、どうやって獲得し、どうやって持続させるか。これは「表現」に関わる者すべてに共通する問題です。解答は、自分で見つけるしかありません。

明日の太鼓打ちへ

〈裸足になって、足の親指で地面をつかむようにして踏ん張ってみる。腰が安定して、上体の動きがしなやかに、力強くなる。千代の富士とか、安芸乃島、若い頃の中村富十郎（五代目）なんか、いいかたちしてる、あの感じでね。〉

その四　無意識を獲得する

日本人の体型がずいぶん、立派になってきました。若者は手足も長いし、背もあるし、顔つきも、男女を問わず昔に較べて整った顔が多くなったような気がします。

生活や食事が豊かになり、その様式も変わり、教育が進み、テレビや新聞などの情報媒体が意識を均質化して、平和でもある、そういうことの結果なんだろうと思います。

明治の写真に写っているちんちくりんの日本人に比べれば、驚くべき変化ですが、もうひとつ加えれば、それはきっと我々が「伝統」というものをかなぐり捨てて来た結果だろうという気がします。社会の因習や束縛がなくなり、干渉もされない。

「お祭りには参加してますけど」と言っても、それは祭りという名のイベントです。宗教性も社会的・個人的な切実さもないから、参加できる。

明治以来、我々は西洋社会を目指して歴史を作り続け、大戦後、さらに日本人であることを切り捨て、そしてイタリア人の服であるジョルジオ・アルマーニのスーツが似合うのを喜ぶようになった。体型、顔つきまで変えた。大した適応力です。

意識というのはそこまでできる。

ですが、プロ野球のあんなにでかい選手でさえ、ユニフォーム姿になった時、外国人選手とは明らかに姿もフォームも違うように、我々は今でも、日本の人です。

肉体の姿形が変わったとしても、我々が意識していなくても、立ち現われる「何か」。

そこで生まれた人にいつのまにか備わっている「何か」。

それが、意識下（無意識）の、血の記憶、土地の記憶だと僕は思います。

岩手県水沢市（現、奥州市）の奥の「梁川《やながわ》の鹿躍《ししおどり》」を習いに行った時、現地で初めて見て、強烈な印象に襲われたことがあります。

腰の太鼓を打ちつつ、鹿の扮装で激しく踊る様を見ているうちに、千数百年前の奈良の都や、さらに、もっと先に遡った、太古の平原を走り回る鹿の様子が、立ち昇るように見えたのです。岩手の山奥の芸能に、大陸の広々とした風や、人の息吹が吹きつけているような気がしました。

ああ、これは大陸の芸能なのだなあ、と感じました。

やっている地元の人には、多分そういう意識はなかったでしょう。それにもかかわらず、いつもはバイクの後ろに女の子を乗せて走っているような若者が、郷土の芸能をやると、本人はちゃらんぽらんのはずなのに、薫り立つようにその土地の自然とか、昔の生活が伝わってくる。

とても不思議なことですが、それが、無意識に形を与える「芸能」というものの力なのだと思います。学問や科学を超えたものがあることを、信じさせる力です。別にオカルトとかニューサイエンスの話ではありません。

人間がその風土の中で、長い時間をかけて体得したものとは、一個の人間の生き死にを乗り超えて伝わる記憶になり、それは空間が移動しても伝わるのだと思います。

僕はそういう瞬間を何度か見ました。

ハンバーガーを食べてもコーラを飲んでも、我々には、獲得している「無意識」がある。あなたにも、ある。その力を信じることができれば、もっと伸びるはずです。もちろん、それだけに頼るわけにはいきませんが。

各地で行われている新興の太鼓が、「鹿躍」のように、将来に向かってのメッセージを持つことができるかどうかは、長い目で見ないとわかりません。醗酵し、無意識を獲得するまでには時間がかかります。僕を含めて、今はまだ中途段階が多く、本物の伝統の前に出ると、その青さ、完成度の低さは丸見えになります。

ですが、山形県に残っている黒川能や、各地の農民歌舞伎などが、古《いにしえ》の時代の中央の芸能の薫りを保って残っているように、もしかしたら、そういう文化の定着を辿るかもしれない。

今の太鼓のブームが、何百年かかってそうなるのだとしたら、今、太鼓という芸能が、かつての能や歌舞伎のような影響力を持ち始めたということで、そう思うと、歴史のとばぐちに立ち会っているようで、当事者としてはワクワクするような気持ちです。

明日の太鼓打ちへ

〈息を吐く、留める。ここぞという時の一発はそうやって音を響かせる。息と気持ちが入って、初めて音になる。スーハー息してるようじゃ、いけません。〉

その五　練習について

練習について。

ここでいう練習とは、僕のような新興の太鼓についてのことです。民俗芸能の分野については、その土地土地でやり方があるので、それを深めて下さい。

初心者に指導することは、ある種の「型」にはめることでもありますから、誰もが同じことができるようになるということは、個性や表現の可能性を摘み取ってしまうことでもある。諸刃《もろは》の剣のようなものです。

ですが、最低のとっかかりとして、体のこなし方や、リズムの打ち方は身についていなければ個性的な表現さえできないわけです。とりあえず、それを身につけ、自信を持たせる。後は、本人の感性と努力次第です。

僕は体育会系の人間では全くないのですが、今の太鼓の広がり方は、武道の在り方と似ているような気がします。ですから練習方法も相通じる部分が多いようです。

北辰《ほくしん》一刀流《いっとうりゅう》を興した千葉周作は、防具をつけた竹刀の稽古方法を発展させて、幕末の混乱期に多くの門人を輩出しました。

今の剣道しか知らないと、当たり前のように思いますが、抜き身や木刀を使わず、防具をつける稽古方法は画期的だったわけです。その上、それまで秘伝とされていた型を、もったいぶった言い回しをせず、理論的に分析して、誰にでも理解できるようにして教えた。

彼は、あの時代にあって既に近代の人だったのです。

西洋近代の物の考え方は、科学的な客観性でものをとらえることで、ある事柄や方法を、どこにでも移動可能な普遍性を持たせた。

西洋音楽が世界中に伝わったのは、素晴らしいからという以上に、誰にでもわかりやすいメソッドがあったからでしょう。邦楽が、よその国には理解されにくいのはその逆ですが、それは、いい悪いでは言えません。世の中には移動できない性格の文化もあるからです。

それはともかく、千葉周作の科学的ともいえる方法は、大いに参考になるのですが、「その一」でも言った通り「個人の方言」のような性格の僕の太鼓の場合は、誰もが同じようになっても意味がないので、そこを理解してもらった上で、乗りかかった船ですから、先に進めましょう。

武道は、敵に勝つ、という点で音楽の価値観とは違うものですが、太鼓はどうも、勝ち負け、強い弱い、の土俵で見られやすく、そして確かにその側面もあるので、強くあってしかも音楽性の高い表現を培うこと。強くて、感受性の高い体と、感性を育てること。

練習で目指すのは、この点です。

初心者に一番欠けているのは、足腰の構えです。かつての日本人は、それぞれ、その職業なりの足腰を持っていましたが、農業も機械化が進み、地方でも完全な車社会ですから、足もとが皆おぼつかない（余談ですが、こういう時代なのだから、小学校は田舎に移して、全部の子供に農業を教えると日本の将来は相当良くなると思いますが）。

舞台の上で三十分打ち続けるためには、その数倍の体力が必要です。体力には、個人差がありますから、太鼓以外の方法でそれを作る必要もあるでしょう。

ランニングも、そのひとつです。練習前に走って、ひと汗かいてからやると、体のキレとかノリがよくなります。アメリカの日系人の太鼓で、バスケットボールをやってから太鼓の練習にかかるチームがありましたが、やってみるとこれもなかなかハードで、効果的です。それに何となく、アメリカ的なノリも培うように感じます。一種の「土俗」化の方法です。

もうひとつは、練習のテーマを見つけること。

今、この練習は何のためにやっているのかがわかっていれば、苦しさや退屈さを凌ぎやすい。そうして取りあえずは、その目的に辿りつくまでそれを続けてみる。そうすると、足場ができ、疑問も出てくるし、工夫も生まれます。

色々な音楽、できれば地域の伝統芸能に直接、接して習得してみることも大事です。

僕は、郷土芸能の他に、さまざまな伝統芸能を習うチャンスに恵まれました。歌舞伎の下座太鼓、長唄三味線、笛、尺八、箏曲、日本舞踊、バレエ、それに津軽三味線——ほんの手ほどき程度から、名取になったものまでありますが、表芸にはならなくてもずいぶん多くのものを得ました。同じことは、誰にでもできることではありませんが、色々な経験を積んでみることです。もし、あなたを「つき動かす、何か」があるのなら、きっかけはいくらでもあるはずです。

明日の太鼓打ちへ

〈太鼓を打ちながら、頭の中に、何かが像を結ぶように集中してみる。音の、ほんのささいな変化が、色づいたり、形になって見えるようになればしめたものです。〉

その六　定型のない表現

「アートは作品を作ることではなく、物の価値観を変えること」と言ったのは、オノ・ヨーコです。物が満ち溢れている時代に、これ以上物を作る必要はない、というわけです。現代の芸術は、そういう考えを受け入れて発展してきました。

マルセル・デュシャンの「泉」という有名な作品は、ただ、便器を展示しただけのもので、当時の美術界に衝撃を与えましたが、我々の意識は、視点を変えればそういった表現もあり得るのです。

いきなり、妙なことを切り出しましたが、こうでなければならない、という考えを疑ってみる、非常識とされているものを検証する勇気を持つ——そういう態度は、表現者にとって重要なことだというのが、今回のテーマです。

僕は、十代の頃、横尾忠則さんに影響を受けてグラフィックデザイナーを志していました。佐渡に行ったのも、そこでの催しに横尾さんが来ると聞いたから出掛けたのですが、その時は会えなくて、ひょんなことから結局、太鼓打ちになった。

十数年後、横尾さんに「美術をやらないでよかったね」と言われた時には、ちょっと複雑な気持ちでした。認めてもらった嬉しさと、そうか、俺は太鼓打ちなんだなあ、という感慨です。

僕がソロの太鼓をやっているのは、横尾さんのような、既成の常識に囚われない芸術家の姿を見たからかもしれません。絶えず新しい表現に挑戦してゆく姿。表現に定型はない、という姿勢です。

学生時代は、正確なデッサン技術が美術の価値ではない、などとわかったようなことを言って、石膏デッサンをサボる言い訳にしていましたが、確かに、本気で何かを表現しようとする時に、その作品が定型ではなかったとしても何のマイナスでもないはずです。

太鼓をたったひとりで打つということは、どこにも手本のないものでした。たとえ、それを具現できたとしても、それが評価されるものになるか、それが仕事として成立するかどうか、生活がやっていけるか、そっちの心配もありました。

まったくの暗中模索です。

そういう不安と共に、新しく自分のものを作ろうとした時一番悩んだのは、既に自分の体についてしまった技術でした。

「鬼太鼓座《おんでこざ》」の技術は、集団で作り上げ、その中で完成度を高めてきた特殊なものだっただけに、新しいものを作り出す柔軟性や、他のものとの対応はほとんどできなかったのです。言わば特殊な「方言」化していたわけです。

これさえなければ、と思った時期もあります。その技術で十一年間（一九九二年当時）やってきたので、消えようのないものでした。

身につく、とはそういうことです。


心理学の岸田秀氏の理論「ものみな、幻想である」ということを知ってからは、頭のほうはかなり楽になってこだわりは少なくなったのですが（それでもまったくなくなったわけではない、ひとりで舞台に立つのは怖かった）、体のほうは新しいことに対応するまでかなり苦戦しました。

ソロの大太鼓は、そういう中でやっと生まれた打法です。

ひとりで、恥を恐れず少しずつ引きだしを増やす、切羽詰まれば「切羽」が後押しをしてくれる。変かもしれない、ことを恐れたら前に進めません。

表現に定型はなく、稽古もまた表現を作る過程ですから、同じことが言えます。

ただ打つ稽古をするだけでなく、太鼓以外の、美術や演劇や音楽などにも接してみて下さい。感動を与えるものがどんなものかが、少しずつでも見えてくれば、あなたの表現も変わってくるはずです。

絵の具を撒き散らしただけのような、ジャクソン・ポロックの作品や、環境アートのクリストの一連のプロジェクト、自然の中に消えていって人為の気配を消してしまうことを意図した彫刻のデヴィッド・ナッシュ、などの現代美術は、意表を突いたというより、その美しさで感動させてくれます。僕にとってその感動は勇気になります。

表現の可能性を示してくれるのです。

明日の太鼓打ちへ

〈季節によって、天候によって、場所によって太鼓の響きは変わってきます。一番良かった時の音（甘美な轟き＝スウィート・サンダー――シェイクスピア）を覚えておくこと。調子の出ない時の、助けになります。〉

その七　リズムと生理

アフリカに太鼓言葉（ことばと同じように意味を伝える打法）があると聞いて、現地に取材に出掛けて、実際に本物の太鼓の妙技を目の当たりにした時は、驚きました。

リズムだけでなく、音程の正確さが想像をはるかに超えていたからです。

言葉と同じように演奏できるということは、例えば「箸」と「橋」を我々が聞き分けるように、音の高低を正確に演奏しなければならないことでした。これはもう、現地のことばを理解しないことには、とうてい無理です。

これと同じようなことは、実は日本にだってあるのです。

例えば岩手の鬼剣舞の太鼓は「でぇんずぐずうっさア、でぇんずぐずウ」と習います。譜面に書けば、♩♫♩♩｜♩♫♩𝄽｜ という打ち方ですが、こう表わしただけではこのニュアンスは出て来ません。

　青森のねぶたの太鼓は「だアらすこダンダン、だアンすこダンダン」といいます。譜面にすると

ですが、このまま打ってみても、言葉の感じは出ないでしょう。「きたマダ、きたマダ」の八丈太鼓を習った時には「ハイ、踊るのよ、太鼓の前で踊るのッ」と言われました。

　習っていた時には、現地の訛りに手こずりましたが、それでも、言葉で言われ、動きが伴うと強弱やテンポ感まで、日本人ならすぐわかるのです。アフリカのものを習うのとは、当たり前ですが相当に違います。

　日本のリズムも実はことばによって成立しているのです。

　文楽を見にいくと、義太夫のことばのリズム感の心地よさに、鳥肌が立つような思いがします。日本語のリズムが、全部の意味はわからなくても、とてもスリリングに伝わります。歌舞伎の「知らざあ言って聞かせやしょう」に続く弁天小僧の名セリフなども、そうです。

　これを、短期間に外国人に理解しろというのはむずかしい。アフリカで僕が苦労したようなものです。

　日本人が決してリズムに鈍感なわけではないことは、郷土芸能をみても、伝統芸能をみても、現代音楽の分野で多くの世界的な打楽器奏者が出ているのをみても、明らかでしょう。日本人に

リズム感がない、と言われるのがどうしてだか僕にはよくわかりませんが「他の民族の音楽をやろうとするときには」というただし書きをつけたほうがいいと思います。(1)

ただ、ロックやポップスのようなリズムが、外国のミュージシャンのようにいかないのは、彼らはそのリズムの中に、我々の気がつかない、ことばのようなニュアンスや音程を感じて打っているからに違いありません。

それに、我々は日本の歌を聞いて「あなたア――」と歌われれば、その「あなた」が男なのか女なのか、恋人なのか親なのかということまで、一瞬のうちに理解できますが(上手い歌手なら)、英語で「ユー」と歌われても、そこまでは到底わかりません。そのバックにリズムをつける時に、歌詞の意味がわかれば、どうしたって、その「ユー」の状況にあったニュアンスがリズムの変化に現われるでしょう(上手いドラマーなら)。

リズムはそういった「言葉」と、その民族の生活の中から生まれた「動き」(ダンス)によって出来上がったものだと、僕は思います。リズムは、言わば体温に一番近いものだけに、民族の背景の違いが一番はっきりと出るものなのです。(2)

僕が佐渡でマラソンのトレーニングをやっていた頃に、走りのリズムと呼吸のタイミングが、三歩進む間に四回吸って吐くという変拍子に自然となっていて(すっす、ハッハ――図A)、後で専門家のコーチから二歩で二回吸って、次の二歩で二回吐く（すっすっ、ハッハッ――図B）というやり方を教えてもらって、初めて、自分が変わったやり方をしているのだと気がついたことがあります。

誰に教えてもらわなくても、自然に変拍子になったということは、それが僕にとっては自然な生理的なリズムだったわけです（特にマラソンのような長丁場の運動では、自分の生理にない無理は絶対続かない）。

どうしてそうなったのか、いまだに不思議なのですが、日本人にないとされる三拍子のリズムが違和感なく好きなのは、そういう僕の体質と生活のせいで、このことは、その後のソロの技法開発の大きな助けになりました。

北海道で漁師さんが打つ「根室太鼓」という新興の太鼓があります。国境を目の前にした町、根室は住人のほとんどが水産関連の仕事をしている所で、そこの太鼓のリズムは際立って風変わりでした。聞けば無線のトンツーのリズムを太鼓に置き換えたということです。「言葉」と生活の「動き」からリズムが派生したのだとしたら、波の上で仕事をする人々の肉体が、仕事の「言葉」を使って太鼓を打つわけですから、これ

図A

図B

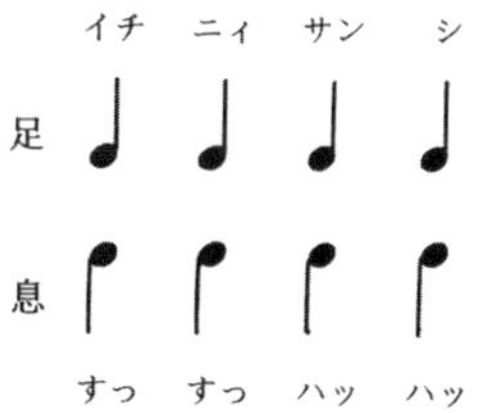

ほど生活に密着したものはないわけです。

新しいものを作り出すヒントは、案外こんなところにあります。

見回せば我々の周りには、そういう材料が常にあるはずです。自分の中をよく見つめれば、他の人にはない個性や生理にも気づくはずです。それを生かすのです。

今までも、これからも、表現はそうやって生まれるのだと思います。

明日の太鼓打ちへ

〈ごく単純な方法ですが、好きな音楽をかけながら太鼓を（あるいは電話帳でも段ボール箱でもいい）を打ってみると、リズムが遅れやすい癖や、走りやすい癖、音楽の高揚感に対する自分の反応などがわかるものです。〉

（1） ニューヨークのパーカッショニストが、あなたのようにどうしてもできなくて、と言い訳しながらアクセントをつけないでタカタカと打つ練習を見せてくれた。彼らには僕が演奏したアクセントのないリズムが驚異だったようで、グレイトフル・デッドのドラマー、ミッキー・ハートもそれをコンサートに取り入れてやっている。隣の芝生はきれいに見える、そういうものです。

（2）イエロー・マジック・オーケストラが海外で評価を得たとされるのは、リズムをコンピュータにまかせて、ノリを全くなくした逆転の発想が成功したからでしょう。

その八　右手と左手

太鼓はバットのように一本バチで打つものもありますが、まあ、たいていは両手に一本ずつバチを握って打つわけですから、左右をバランス良く使うことが大事になります。

右ききの場合は、左を強化すること。左右の音質を均等にするためには、これは大事なことです。

京舞の稽古では、師匠は弟子に対面したままで、ちょうど鏡に映るように左右反対の動作をして教えるそうで、その為に、箸を左で使う練習をする、と知って、さっそく僕も左で御飯を食べるようにしました。

本来は右ききですが、気がつけば、もう二十年（一九九二年当時）、左で食べています。

最近の脳の研究で、右脳と左脳の機能が分かれていることは、よく知られるようになりました。右半身の機能をつかさどるのが左脳で、言語や論理的な能力を持ち、左半身をつかさどるのが右脳で、こちらは情緒や感情、芸術的な感覚の機能だそうです。

太鼓の左右の動きが、もし、脳に影響を与えるのだとしたら、左を訓練することは、芸術的な感性を磨くことにもなるはずですから、あなたも私も、早速今日から左で御飯――、というと、じゃあ最初から左ギッチョはどうしたらいいんですか、ということになりますが、ひょっとしたらそれは、名手の可能性があるかもしれません。

たしかに左ききの優れた打楽器奏者は目につきます。

現代音楽の分野に限らず多彩で個性的な活躍をしている高田みどりさん、邦楽家でマルチパーカッショニストの仙波清彦さん、韓国の打楽器グループ「サムルノリ」のキム・ドクスさんなどは、今まで共演した打楽器の名手ですが、みな左ききです（確かサムルノリのオリジナルメンバーのうち、三人までが左ききだった。そういう人を特に集めたわけではないだろうが）。

日本の太鼓の手組みは、右を中心にできているものが多いので、どうしても、右が振りの要《かなめ》になります。そうすると、右はますます強くなり、左がおろそかになる。左手で箸を持つのも、作法としては嫌われるし、そういうことからすると伝統的とは言えなくなります。

ですが、伝統の中にも、例えば邦楽（能や歌舞伎）のカシラという「手」は——ヤーッと掛け声を掛けて左手を右肩に担ぎ、左手から「テン、テン」と打ちますし、秩父の祭り囃子は「ドこんこ、ドこんこ」のように左に強いアクセントのあるシンコペイションのような打ち方をします。「ステステステ」と打つ江戸囃子は左の裏打ちのテクニックがいる——というように、実は、左を巧みにリズムに生かしているわけです。(3)

右をより生かすためにも、左の機能を充実させるのは大切なことなのです。

左で箸を使うのは、直接、太鼓の技術に生きるわけではありませんが、まあ、気持ちをそういうふうに仕向ける効果はあるでしょう。

左で歯を磨く、左で字を書く、外車を運転する（ジョーダンです）など色々日常でできることはあります（一応、みなやってみました）。だからといって、すぐ、左のバチ使いが良くなるわけではありませんから、太鼓の練習の中で、左を鍛える訓練をやってみて下さい。右手でできることが、左手で同じようにできれば完璧です。

左右が同じように使えれば、テクニックの可能性は飛躍的に広がるわけで、僕の大太鼓のソロもそうした技術なしでは生まれませんでした（バチを放り投げる振りを伴う北陸の太鼓は、まず、初めから子供に左手で練習をさせる。左でできるようになれば、右は「すぐできる」そうです）。

太鼓は腕だけが機能するわけではなく、言ってみれば全身の表現ですから、その意味では、舞踊に近いものです。世界の民俗芸能には太鼓踊りと呼ばれるものが数多くあります。太鼓の前で踊ったり、太鼓を身につけて踊りながら演奏するものもたくさんあるわけで、つまり、リズムは腕だけに限らず、全身の躍動感が音になると考えたほうが正しい。

左を強化することは、とりあえず手でリズムをコントロールするための第一段階ですが、最終的には、全身のバランスが取れてはじめて、リズムは体得できると考えてください。

左手だけでなく、足でリズムをとることも大事です（ドラムがそうです）。アメリカの俳優ジェームズ・キャグニーの自伝『汚れた顔の天使』によれば、タップダンスができることは、俳優の基本的な教養だということです。

全身で何かを表現するものには、必ず、そうした全身を使いこなす意識と技術の訓練が必要不可欠ということなのでしょう。

明日の太鼓打ちへ

〈稽古場の中を、腰を入れて歩いてみる。ゆっくり息を吐きながら、意識を下腹に集中させるようにして、何度も何度も回ってみる。わずかの空間が、大平原のように感じるまで。〉

（3）ちなみに京舞、地唄舞では、右手と右足、左手と左足というふうに進む「ナンバ」歩きという動きが基本になっている。歌舞伎舞踊は右手と左足、左手と右足。つまり通常、行進などの時の手の振りと同じに進む。昔の日本人は、この「行進」歩きができなかったようで、幕末に高杉晋作が「奇兵隊」を農民で組織した時、行進の練習をさせたら、右手と右足が同時に出て苦労したらしい。田植えや、鍬《くわ》を打ち込む時の動作を考えれば、それも無理はない。また、腕を振って走ることもできなかったようで、地震や火事で逃げるときの模様を描いた絵は、たいてい両手を前に伸ばして「おた、おた、おたすけー」という動作で走っている。

その九　大太鼓が打てるまで

僕が打っている大太鼓の打ち方を見て、どこかの地方で昔から行なわれていたものだと思う人は多いのですが、実は、これは僕が始めるまでは日本のどこにもありませんでした。[4]

大太鼓に向かって正面から打ち込む形がどのようにして出来たか、今回はその話です。

日本に大太鼓（一本の木をくりぬいて皮を張ったもの）が現われたのがいつ頃か、はっきりとはわかりませんが、僕の知る限りでは三尺クラスの現存する太鼓で最も古いのが、広島県尾道市の国宝、浄土寺[5]の本堂にある大太鼓で、正和五年（一三一六年）の銘が入っていますから鎌倉時代の後期ということになります。

この浄土寺の太鼓は、大きくふくらんだ胴の、時代を感じさせる風格のある大太鼓で、これだけの太鼓を作る技術力があるということは、もっと古い時代から作られていたはずですが、現存していいるものは少なく、史料にもあまり登場していません。

平安時代以降の絵巻物などに描かれているものは、締め太鼓の桶胴と思われるものが多く、天秤棒で担いだり、小さいものは体にくくりつけたり、手に持って踊りながら打ったりしていて、台に据えて打つ形はあまり見られません。

お寺や神社にある大太鼓は、古くは軒や鼓楼に吊り下げた、機能としては梵鐘《ぼんしょう》に近いもので、今でも太いバットのような一本バチで間遠に打つことが多く、おそらく昔からそういう打ち方で伝わっているものでしょう。二本のバチで、リズムを連打することはなかったと思われます。

二本のバチを使う、歌舞伎の大太鼓の原形と言われる出雲神楽の太鼓は、太鼓の真横から打つ「横打ち」で、能の太鼓（締め太鼓）も正面からではなく斜めから打つ形が基本になっています。今では大きい太鼓を使う、青森県のねぶたの太鼓も、肩から斜めに吊り下げた太鼓を小脇に抱えて打つ形が原形です。

他にも例はたくさんありますが、昔の打ち方の主流はだいたい、右手を振りの中心にした横打ちか斜め打ちで、大きな太鼓は一本バチで野球のように打つのが伝統的な形だったと思われます。

大太鼓を、舞台の上で「音楽」として打つことになると、この古くからの形は、実はなかなか不自由なものでした。踊ったり振りの派手さを見せるなら、これで充分なのですが、祭りのような雰囲気がない舞台で聞かせることをやろうとすると、この振りはかえって壁になりました。

僕が大太鼓の基本を習ったのは、福井県三国町（現、坂井市）の下村圭一さんというお爺さんからで、北陸地方で盛んな「虫送り」[6]の太鼓でした。

桶胴の締め太鼓を正面に向けて置き、上手側で「小バイ」という伴奏方が「どんどこ、どんどこ」と「地」のリズムを打ち、下手側で「大バイ」という打ち手が、振りもあざやかに「どっこい、どっこい」と掛け声を掛けてアクセントの強いリズムを打ちます。

一つの皮面を両側から同時に打つわけですから、お互いに正面を避け、横からの斜め打ちです。

これを舞台で打つようになった時は、太鼓を横向きに置いて「小バイ」を上手側の面から打ってもらい、僕が下手側の面で「大バイ」を打つ、両面打ちの形になったのですが、最初の頃は基本的にはまだ斜め打ちをやっていました。

エスパス・ピエール・カルダンでの公演ポスター（1975年）

初めての海外公演の時のポスター（七五年パリ、エスパス・ピエール・カルダン）の写真を見ると、僕は太鼓の前に斜めに立ってバチを構えています。まだ、体力も技術もなく、大太鼓を舞台で打つようになった初めの頃ですから、下村老人に習った形に準じて打っていたのです。

大太鼓は高い台に乗せるほうが大きく見栄えがするという演出的な都合で、太鼓はこの頃既に、僕の身長からすればかなり高い位置にありましたから、斜め打ちでは皮に届くのが精一杯で、力もはいりません。そのために初期の頃は、背の足りない僕のためにわざわざ平台を組んで、その上に立って打っていたほどです。

高い位置に大太鼓がある、ということは、僕にとっては大変なことでした。体重も軽いので[7]、横からの斜め打ちだと、皮の反動で腕ばかりか自分の体まで持って行かれそうになり、重心が高いのでなおさら腰がふらつき、力の入れようがないのです。小さい、軽い、力がない、まさに三重苦でした。どうすればいいのか。

大太鼓は自発的に始めたものではなく、演出のアイデアだったので、初めは命じられるままに打っていただけですが、雰囲気を作って「見せる」下村老人のような打ち方は、若い自分には到底できないような気がしていました。できるとすれば、打ち込みしかないだろうが、出ずっぱりの舞台でこの自分の体力がそこまで持つだろうか。

そんな心配もしましたが、稽古や舞台で何度も打つうちに、体力もつき始め、次第にある程度コツのようなものがわかってきて、自分なりの工夫もできるようになってきました。小バイやチャッパの「地」はあっても基本的には一人打ちなので、自分の体力の範囲で曲の長さは調整がきき、リズム構成もペース配分もどうにかこなせるようになってきたのです[8]。

やがて、僕は太鼓の真正面に構えて、背中を完全に客席に見せる形で、腰を入れ、大きく反り返って、バチに体重をのせて打ち込むスタイルに変化していきます。曲の中で、この強い音がどうしても欲しい、という時に、体の弱点を補う形で生まれた打ち方です。

僕のように体重が軽いと、大きな太鼓の重低音を出すことは難しく、かといって重いバチにして連打すると腕に負担がかかりすぎ、長時間の演奏には向きません。正面から、ちょうど槍投げのように大きく踏み込んで、全体重をバチに乗せるようにして打ち込むことで、自分の弱点を克服することにしたわけです。

それに、高い位置の太鼓でも、これなら充分に打ち込むことができました。

そして、結果的にはこれが、聴衆の視覚にも印象の強いものだったようで、次々にリズムを打ち込むことも斜め打ちの時よりずっとやりやすくなり、急調子にも打てるようになりました[9]。

「三重苦」から、どうにか解放されたのです。

ただこの打ち方は、全身を、腰を中心にしたバネのように使うわけですから、腰や背中の負担がかなりあります。その負担を最小限に食い止めるためには、足腰を力強く補強し、しかも常にリズムにのせ続ける柔軟な動きをしないと、逆に堅い単調な打ち方になり、背骨を痛めるおそれもありました。

大太鼓はこうした経過で生まれた打ち方です。ですから伝統的なものでもなんでもなく、僕が「個人の方言」という言い方をする所以なのですが、僕がこの打ち方をするようになってから、この打法を取り入れた人を多く見掛けるようになりました。

一応、僕が指導したので弟子ということになる宇崎竜童さんや、海外のドラマーまで似たようなことをやっているのを見ると、なんだか面映ゆい限りです。

そうなると、多少の責任も感じるので書くのですが、たいていの人が腕だけで打っていて、特にドラムや打楽器の心得のある人にそういう例が多いのですが、全身の動きが死んでいる場合が多々あります。腰をしっかり構えることができて、しかもその腰が力強いリズムを生んでいないと、実に難しい打ち方です。

強靭《きょうじん》に弾む足を、言わば、殺して使っているわけですから、止まって見えても、その足の中ではしっかりと大地のリズムがいきいきと脈打っていなければ、動きも、バチのリズムも死んでしまうのです。それに、太鼓は大きくなればなるほどその皮の反動も大きく、大きく打ち込めば打ち込むほど、その反動に耐えるだけの足腰が必要になるのです。

だからリズムがしっかり打てず、腰もきまらない人の場合は悲惨で、後ろ向きの、人の一番の弱点を曝しつつ、太鼓の前で手振り身振りを見せているだけになり、それならいっそ横打ちくらいにして、顔の表情を見せるほうがいいのに、と思う場合もあります。

端から見ていると腕を上げっぱなしなため、腕が大変だと思うようですが、腕もたしかにきついのですが、想像以上に足に力がいります。腕より足の構えのほうがきついかもしれません。ただ、足が強く柔軟に動けば、腕にかかる負担はかなり減るのです。そのための構えでもあります。足を生かし、全身を生かすということは、一ヵ所に集中する負担を減らすことでもあるのです。

鼓童の藤本吉利は、実に軽やかな故郷の太鼓を打っていた名手ですが、グループに参加してからだいぶ経った頃、初めて舞台で大太鼓を打った時に、舞台から下りてきて、

「英ちゃんは毎日こんな大変なことをやってたんか……」

と、肩で大きく息をしながら言ってくれたことがありました。

実際に、どんなに足腰に負担のかかる重労働かは、彼ほどの太鼓好きでも、舞台でやってみるまでわからなかったのです。それに、彼は僕より大きく恵まれた体でしたから、太鼓の音もいい音がしたのですが、僕のように腰を入れるためには、かなり重心を下げる必要があり、実際、それは僕よりきつい姿勢でもあったでしょう。

腰の高い、白人に指導したことがありますが、腕は上手につかえても、まず膝がもちません。

膝が笑う、という状態がありますが、ああいう感じになって姿勢が維持できなくなります。日本人でも身長が高いと、かなり足を広げるか、あるいは身長に見合った高さまで太鼓を上げないと、かえって見苦しいことになります。アイドルグループの「少年隊」に指導した時、メンバー一のカッコ良さで人気のヒガシ君などはほとんど外国人のような体型なので、サマにするのに苦労しました。

お相撲さんを見ればよくわかりますが、日本人にとって腰をためて前に出る形が、いかに力強く美しいかということです。

要するに僕の大太鼓は、胴長、短足の旧型日本人に一番似合う打法というわけです。

僕がソロで大太鼓を打つ技術を得るまでには、そういう時期を経て、また、更に何年もかかったわけで、もちろん現在も発展途上の打法です。

僕の打ち方を参考にしている人には、現在の僕の打ち方は要素が多すぎて、余りいい見本とは言えないかもしれません。正直なところ、悪い見本のようなものです。

手本というものは、その見える部分をなぞっている限りは、それを乗り越えるのは難しいものです。その手本の発想の原点を探って参考にし、結果が独自の表現になるのが一番望ましいことです。僕の打法も、瓢簞から駒、で生まれたようなものですから、ここに書いた僕の初期の頃のことをヒントにして、自分の体と相談しながら自分の型を発見してみて下さい。

明日の太鼓打ちへ

〈太鼓の『太』は、聖徳太子などの『太』――尊い、高貴な、という意味で、『鼓』は鼓舞煽動などの『鼓』――励ます、奮い立たせる、という意味だと、永六輔さんに解説してもらったことがあります。この言葉は、太鼓に携わる者への、永さん流の応援歌なのだと思います。〉

（4）大阪の天神囃子の太鼓や、埼玉県の秩父囃子のように、太鼓の正面に座り込んで打つものには正面打ちがあり、伊豆地方の太鼓にも正面からの曲打ちはあるが、いずれも太鼓の大きさには限りがあり、三尺以上の大太鼓を正面から連打する形はない。

（5）浄土寺には国宝の金堂、多宝塔などがある。境内の重要文化財の阿弥陀堂で坂田明さんとコンサートをしたのは一九九一年十月。小林海暢《かいちょう》住職（当時）は、僕の生家、学恩寺の三代前の住職、楢崎體染《ならざきたいぜん》上人の親戚に当たられることが、伺ってからわかった。奇縁だった。

（6）北陸の村々でかつて行なわれていた夏の行事で、たいまつを焚き、太鼓を打ち鳴らしながら害虫や疫病を村の外まで送り出す、その太鼓が芸能化したもの。

（7）褌《ふんどし》姿で裸を人目にさらすため、太ることは厳しく禁じられていて、砂糖をとることも許されなかった。夏場のマラソンの後や、公演が続く時などは、四九キロくらいしかなく、寝ても布団にあたる背骨が痛かった。思い出したので余談ついでに書くが、体を使うので甘いものが欲しくてたまらない時もあり、間食もできなかったので、そういう時は、夜中に歯をみがいて歯磨きの甘さを味わってしのいだりもした。後援者の家族が遊びに来た時に忘れていった「バナナ味のこども歯磨き」が、夢のようにおいしかったのを忘れられない。

（8）大太鼓は基本的に即興だが、ダイナミックスをはっきりさせるため、リズムの構成や、調子を変える時のフレーズは自分で作った。作曲、編曲の一種だったわけだが、まさか、その後もずっと自分が大太鼓を打ち続けることになるとは思わなかった。

（9）見せる太鼓にこだわった演出の田《でん》氏には、打ち続けるには都合がよくても間合いをとりにくいこの打ち方は余り気に入ってもらえず、盛んにバチを振り回したり見得を切るように言われたが、僕には、それがうまくできなかった。

その十　屋台囃子の誕生

佐渡で太鼓をやるようになって、初めてのレパートリーとして、人前で演奏できるアンサンブル曲になったのが、埼玉県の秩父囃子をもとにした『屋台囃子』です。

秩父の夜祭りは十二月に行なわれる、豪華な祭り屋台が何台も繰り出し、提灯の明かりと花火が冬の夜空に映える景気のいいお祭りですが、その屋台の中で演奏されるのが、いかにも関東らしい歯切れの良さを持った屋台囃子です。


教えてもらったのは、秩父市下郷《したごう》の太鼓長、高野右吉、東征《はるまさ》さん親子でした。

高野右吉さんは、柔道家でもあり、体格も威勢もいい御老人で、自宅に太鼓道場まで作って熱心に子供たちに太鼓の指導をされていた方で、我々の技術面の指導は主に、息子さんの東征さんにご面倒をかけたのですが、初心者には、この囃子は大変な難曲でした。

お祭りのひと月前から始まる、地元の練習に加えてもらって習ったのですが、わずか一週間ほどの滞在でしたから、ほんとうに苦労しました。

日本の音楽は、もともと何拍子というふうに割り切れる構造を持っていませんし、譜に書くということもないので、たいてい、口唱歌《くちしょうが》（リズムやメロディーを言葉にして表わしたもの）を頭からまる覚えするのが一般的な伝統のやり方なのですが、我々の場合は、現地に行って習えるのはわずかの期間ですから、それでは、とても覚えきれませんでした。

それに各人各様に打つアドリブの要素のあるものなので、こういうふうに、という決まった覚え方をするものではなく、打つ度に、同じ人でも違ってくるわけですから、子供の時から聞き覚えない者が短期間に習得するのは、まことにやっかいなものでした。ともかく見よう見まねでどうにか覚え、その後、舞台でのアンサンブル用の曲構成をすることになりました。

通常は二尺五寸くらいの長胴太鼓ひとつに、締め太鼓数人、笛、鉦《かね》が入るのが、狭い屋台の中で演奏する地元の編成なのですが、これを、長胴太鼓を三台に増やしてやるというのが、我々の舞台用の編成でした。このアイデアは、演出の田氏から出されたのですが、まだ直球も打てないのに変化球を打つ作戦を立てるようなものですから、大変です。

祭り囃子は一日中、町を練りながら演奏するものですから、太鼓のフレーズは替わりばんこに各人各様に打ち、何人かが揃って打つということができない性格のもので、それを三人で変化をつけながら揃うように打つには、それなりの作戦——編曲ということをしなくてはなりません。

今、思ってみても当時の我々は下手でした。

全くの素人ばかりが集まっていたので、技術の習得さえままならず、これで外国に行って演奏するなんてこと[10]が本当にできるだろうか、と思えるほどで、まして曲のアレンジなんてどうやったらいいのか、皆目わかりません。

結局、多少ドラムの心得があった僕がやらざるを得ないことになるのですが、僕にしてからが我流のドラムでしたから、ほとんど手探りで、とにかくそんな状態で取り掛かることになったわけです。

僕が、手始めに何をやったかというと、高野さんたちの演奏を全部譜面に起こす、ということです。僕の読譜力は、初心者用のドラムの教則本を読める程度のものでしたが、幸いにこれが役に立つことになりました。

「どこどこ・どこにき」という、教わった口唱歌を手掛かりに、とりあえず全部音符にして並べてみて、それをアクセントのはっきりしたところを中心に四拍子の小節割りにして、リズムの構造がどうなっているのかを調べることにしたのです。

秩父の太鼓は、日本の祭り囃子の中でも、伝統のある高いレベルのものですから、譜面に起こすのも簡単にはいきません。特に「玉入れ」と言われるカン高い急調子の締め太鼓のソロは、右吉さんの名人芸でしたから、どういうふうにやっているのか、教わる時に実際に見ていても、テープをゆっくり回して聞いてみても全くわかりませんでした。

今なら、ビデオテープで撮ってスローにすることもできますが、当時は遅くする機能はオープンリールのテープレコーダーにしかなく、何度も、何度も、テープの回転を遅回しにして聞き、最後は、たぶんこうだろうと、確信のないまま譜面にしましたが、手掛かりは音だけなので、実際に打とうとすると、右手と左手をどうやって打っていいのかもわかりません。とにかく、工夫と試行錯誤の毎日でした。

それを続ける中で、偶数の拍子ではどうしても割り切れないフレーズがあることもわかり、聞いているだけではわからなかった繰り返しのパターンがあることもわかるようになりました。リズムの構造と囃子の全体像がどうにかわかってくると、それと並行しながら、舞台用の構成をやることになりました。

三つの太鼓を使うにしても、最初から三人が揃い打ちをすると平板になるので、一人ずつのソロを「大波」というフレーズでつないでゆくようにして、そのあとに「玉入れ」を入れ、今度はそれを追うように二人の太鼓が揃い打ち、そして、いったん、静かな緊張感のある音量に下げて、次第に盛り上げながら最後に三人が揃って打ち込む、というわずか十分ほどの構成が完成するまでには、何ヵ月もかかったと思います。

僕が東征さんのフレーズを参考にして作った、揃い打ちの手を、譜面に強くないメンバーのために口唱歌と丸の大小で図形化した譜にして、大きく紙に書き、「どこにき、どこんこ」と叫びながら練習をしました。

最初から全部の構成を譜面に書くほどの能力は、とてもありませんでしたから、少しやってみて、演出の方から何か言われれば、それをやるならこうするほうが面白い、だったらもうちょっとこうして、という具合です。演奏技術があってのことではなく、お互いに、たいして打てない連中同士でやっていることですから、遅々としたものでした。

この、それほど自信のなかった『屋台囃子』を公の席で初めて披露したのが、一九七三年の秋に京都で開かれた「世界デザイン会議」です。(11)

太鼓の訓練をはじめてから、既に、二年半経っていました。

京都国際会館の会議場に集まった、世界中のデザイン関係者の前で、会議を締め括るインダストリアル・デザイナー榮久庵《えくあん》憲司《けんじ》さんのスピーチが終わった直後に、「カカッ、ドーン、ドン、ドンドンドン――」と僕の打ち出しの音から始めたのですが、佐渡出身のメンバーだった笛の名手、高野巧の『佐渡おけさ』のメロディーをあらたに挟んだ構成の『屋台囃子』は、天井の高い会議場に、まことに良く響き渡り、我々にしては大変な上出来でした。

演奏が終わってから伝わってきた、聞いた人たちからの反響がまた、予想をはるかに超えた絶賛で、外国人が涙を流して聞き入っていた、とまで言われました。

こんなに下手なのにと思っていた我々への賛辞とは思えないほどでした。この時の評判のお陰で、その後、国際会館で行事がある度に、何度も打たせてもらうことになります。


こういう経過で生まれた『屋台囃子』ですから、僕一人で編曲をしたわけではなく、当時のメンバー全員の協力で作り上げ、その渾身の演奏ぶりゆえに評価もされるようになった曲でした。

実際、当時はこういうことが編曲なのだという意識も、そういう言葉も知らなかったくらいでしたが、楽しさのある地元の祭り囃子とはまったく雰囲気の違う、良くも悪くも辛い合宿訓練の中から生まれた、緊張感の高い、我々なりの『屋台囃子』でした。

その後、我々のやった『屋台囃子』に影響を受けた打ち方をするグループが方々に現われることになり、秩父で伝統を守っている方たちにはさぞかし迷惑なことだったろうと思います。

ですが、作り出すまでの苦労や、打つ時の姿勢の苦しさを思いだすと、結局、その後この曲によって我々は世界に出て行けたのですから、僕にとっては忘れられない、記念すべき「出世作」です。

この曲の構成が、良かったか悪かったかは別にしても、我々がそうであったように、初舞台が一番いい演奏になることはよくあります。

今でも、初心者によく言うのですが、太鼓の感動というのは、技術のうまさではなく、切実な気持ちが与える感動なのです。初舞台の演奏が感動を生むのは、未熟な腕を、メンバー全員の初心の熱意が押し切るような形で、聞いている人に伝わるからだろうと思います。

残念なことに、それは、生涯でたった一度しかない感動です。

やればやるだけ人は上手くなり、上手くなるにつれてそういう感動は薄くなります。少なくとも、初舞台のような切実な感動を乗り越えることは、二度とできないのでしょう。

下手だ、下手だと言われ続け、本人たちもそう思いながら、わずか十分のたった一曲しかないレパートリーだった『屋台囃子』ですが、その後も、どこに行ってやっても大変な評価をもらうようになり、作曲家の諸井誠さんに「三十分くらい聞いたような気がするほど、深い」とまで言ってもらえたのは、田氏の太鼓への強烈な思い入れによる演出のおかげでもありました。

そして、多分、下手なのだから、全身全霊で打つしかなかった当時の我々の、未熟さゆえの熱意の結果だったのだと思います。

太鼓とは、きっとそういう種類の表現なのかもしれません。

明日の太鼓打ちへ

〈ボルト締めの太鼓が普及していますが、機会を作ってヒモ（調べ緒）締めのやり方も体得するように。各地で、それぞれ違う方法がありますが、「結び」も日本の文化遺産です。〉

(10)「鬼太鼓座」は、七年間だけの活動ということで田耕氏によって結成され、二年間の訓練の後、五年間、世界中を公演して回り、最後にカーネギーホールで公演して、集まった収益を基に佐渡に「職人大学」を設立してから解散する、という計画でスタートした。

僕が在籍したのは「鼓童」に名を変えてからの半年を含めて、十一年間。海外での評価は高く、日本の太鼓への認識を変えるほどの活動をしたが、大学設立は、夢で終わった。

(11) 正確には、その年の九月、渋谷公会堂の「六輔その世界」で急遽、前座のような形でやらせてもらったのが初めての大きい舞台。世界デザイン会議への出演は、後援者にデザイン関係者が多かったため、結成当初からデビューの目標としていた舞台だった。

その十一　無法松と僕

太鼓打ち、その人生について。

太鼓打ちという仕事は、世間によくある商売ではないので、知らない人にとっては、はなはだ不可解なもののようです。

昔、仕事先の現場スタッフに、

「いやあ、太鼓、上手いねえ。仕事、なにやってるの？　あるんでしょ、仕事」

と言われたことがあります。太鼓は職業ではなく、他に定職があると思われたのです。今は多少、事情も変わってはきましたが、そう思う人は多いらしく、結構、悪気でなく聞かれることがあります。

関西の劇場では、太鼓のコンサートと聞いて、最初はうさん臭そうに何を頼んでも素気なかった劇場の裏方さんが、リハーサルを見たあとびっくりするほど好意的になって、

「なんや？　何でもしたるで。言うたって」

に、変わったこともありました。

もう十数年まえ（一九九二年当時）のことですが、その初老の大道具さんは、苦労人とみえて、幕の袖で、しみじみと、

「あんたら、親はどないしとるねん。若い時はええけどなア、心配さしたらアカンで」

と諭《さと》されてしまいました。


情けない方の話では、「太鼓打ちなら何かちょっと叩いてみろ」と、初対面の人の宴席でいきなり段ボールを叩かされそうになったこともあるし、「てめエのような太鼓打ち風情《ふぜい》がッ」というニュアンスで申し出を断られたこともあります。

オーケストラとのリハーサルの最中に「何で大きな音を出すの、気持ちが悪くなるわ。私たちは音楽をやってるのよ」と突然楽団員に怒鳴られたことさえあります（ちなみにオーケストラの楽団員といえば、武満徹さんも「自分の音楽がダメになるからあなたの曲はやりたくない」と言われたとか、また山下洋輔さんも「こんなことをやるために音楽の勉強をしてきたわけではない」と、共演の楽団員にあからさまに言われたりしたことがあるそうだ。お二人にはよけいにシンパシーを感じてしまう）。

東京で部屋探しをする時、演奏業（ミュージシャン）と言うと家主にいい顔をされませんが「太

鼓打ち」と言うともっと訝《いぶか》られ、断られる場合もあり、言わないで済むなら言わない方が、トラブルを避けられます。

別に世間におそれも隠れもしていないつもりですが、太鼓打ちの仕事を見たことのない一般の人の態度は、まあそういうものです。

東京芸大打楽器科主任教授だった当時の有賀《あるが》誠門《まこと》（ティンパニスト）先生の教官室に、練習で通った時に、壁に掛かった歴代の主任教授の写真を指しながら、こう言われたことがあります。

「みんな、最期が不遇でねえ。この人はアル中、この人は行き倒れみたいになって……」

と次々に説明されて、ちょっと驚きました。何の話からそういう展開になったのか忘れましたが、「太鼓打ちの運命」のような話だったのだと思います。

天才ドラマーと言われて一世を風靡したジャズドラムの白木秀雄さんが、アパートで死後何日もたってから発見されたという話だったかもしれません。確か、彼は芸大出身でした。

日本で太鼓打ちとして一番広く知られているのは『無法松の一生』の富島松五郎。映画や芝居に何度も取り上げられる、人気のある出し物です。僕は子供の時に、三船敏郎のやった映画を見て、なんて暗くてつまらない映画だろう、と思っていました。

筋書きを知らない人のために書きますと、

――時は明治、根はやさしいが、無法者で一本気な松五郎は「無法松」と人に言われる小倉の車引き（人力車夫）で、あちこちであばれて問題を起こしていた。あるとき陸軍大尉吉岡家の幼い長男、敏雄の危急を助けたことから、大尉の気に入るところとなり屋敷に出入りするようになる。敏雄にも懐かれ、「松」は人が変わったようにおとなしくなった。しかし、大尉が病気で急死。幼い一人息子をかかえて生きて行く吉岡未亡人親子を、なにくれとなく助けるうちに、いつしか未亡人への恋心が――という展開なのですが、結局、身分の差ゆえ打ち明けることもできず、成長した敏雄にも疎んじられ、失意のうちに飲んだくれて行き倒れる、という、あんまりな話です。子供に楽しいわけがありません。雨が軒からぽつりぽつりと落ちる、寂しい幕切れの画面をよく覚えています。

その映画の中の、祇園祭りのシーンで「松」つぁんが打つのが「ほんまもん」の祇園太鼓で、この場面が、松五郎の男気をあらわす一世一代の晴れ舞台になっています。

無法松ものは何度も映画化されており、戦前に阪東妻三郎、戦後は三船敏郎、勝新太郎、三國連太郎、舞台では文学座の加藤武、田村高廣、北大路欣也[12]さんなど。歌手の舞台公演でもよく見かけます。

実は修行時代に今挙げたほとんどの映画を見せられたので、内容をよく覚えているのですが、当時のグループの主宰者、田氏は、この架空の主人公のような太鼓打ちを育てようとした人でした（いまにして思えば）。

『無法松の一生』の原作は、岩下俊作のスケッチのような短編小説「富島松五郎傳」で、実在の人物ではないのですが、脚本の伊丹万作がストーリーを膨らませて、監督の稲垣浩が当時のトップスターだった「阪妻《ばんつま》」を初の汚れ役で起用し、それがぴったりはまって大ヒットして、一躍、世に知られるようになりました。

田氏は子供時代に見た阪妻の映画で、太鼓打ちのイメージが決定し、長じて太鼓グループ結成を思いついた人なので、走れ走れの訓練も、今思えば車引きの無法松の走りのシーンからのイメージだったのです。そう考えれば、自主制作映画で何本も我々の姿を映像に残そうとしたのもわかります。(13)

虚構（フィクション）を現実化し、それを映像に留めるというかなり込み入った方法だったわけで、我々は結局は映画を作るために養成された感も、ありました。

しかし、それは映画のような虚構に終わらず、実際の太鼓打ちが育ったわけだから、その後の筋書きは彼も計算外だったでしょう。

太鼓打ちは一生楽しく暮らしましたとさ——という話より、悲惨な結末を人が好きなのはまあ勝手なことですが、僕はむろん、無法松でもないし、悲惨な生涯を送りたくもない。ですが、以上のような例があると、何だか身につまされるような気がする時もあるのです。

〈体の使っていない部分に気を配る。右手を使っている時は、左手を。腕を使っている時は足を。音に集中している時は、体全体を。全部のバランスが取れて、初めて、いい演奏になります。〉

（12）一九八五年、新橋演舞場で北大路欣也、坂東玉三郎で上演され、北大路さんの是非にという希望で、僕が五ヵ月間の太鼓指導をした。
（13）篠田正浩監督の一作めから、加藤泰監督の四作めまで。いずれもドキュメントスタイルで、一般公開はわずかに行なわれただけ。

その十二　命の本音

太鼓の音を、多くの人がなつかしがって聞きますが、実際に聞いた祭りの音というより、もっともっと遠い記憶の音をたどっているような気がします。

少なくとも、僕にとっては太鼓の音はそんな気がする音です。

演奏会場に連れて来られた子供が、太鼓の音でぐっすり眠ってしまうことが度々ありました。むずかる子供は、母親に抱かれて心音を聞くと、おとなしくなる、という話も聞いたことがあります。

心音を拡大した音を聞くと、実際に太鼓のような低域の音なのです。そういう音で、子供は安らかになる。

記憶の彼方で聞いた音は、胎内で聞いた母親の心音、「太鼓」の音だったのではないか、ある日、突然のようにそう思いました。

——そして、それは自分の親も、そのまた親も聞き、たどってゆけば、そのまたずっとずっと先の、途方もないほど先の、宇宙の中で生命が誕生する瞬間から、今に至るまで一瞬も絶えることなく続いた音なのだ——そう気がついた時、僕は一種の戦慄のような思いに包まれました。

その一番端に、今、奇跡のように自分がいる——、愕然とするような認識です。


宇宙での「生命」の誕生の瞬間は、科学のこれほどの進歩を見た今日でさえ、謎ですが、その生命誕生以来、いのちの律動が連綿と続いてきて、現在、我々はここにいる——。

その時に浮かんだのが「鼓童」という言葉です。命の鼓動はすべての子供にとって安らぎの音であり、律動（リズム）なんだ。

それは「鬼」を演じて太鼓を打たねばならなかったグループの中で苦しみながら摑んだ、一縷の光のようなものでした。

その言葉は、新たなグループ名になり、その後、僕は自分の命の示す方向へ、また、一人で改めて歩きだすことになりました。


それから、十年（一九九二年当時）経ちます。

僕がこうして太鼓を打つ仕事を続けてきたのは、考えてみればとても不思議なことですが、自分にもどうにも、説明のしようがないのです。

もちろん、嫌いなわけではないのですが、「太鼓が好きで好きで」といった感覚とは、何か感じが違うような気がします。「運命」と言うと、いささか大袈裟ですが、どうも何かにつき動かされているようにも感じます。


その手掛かりになったのが鼓動の認識でした。自分にはここまで続いてきた命の営みがある、それが支えてくれているのではないか、という認識です。

そして、それはあなたも、あの人も、違う民族も、虫も、魚も、動物も、草や木も、同じように、生命あるものとして生きている、すべてのものに宿っているのです。

小さな虫いっぴきを潰すのは簡単ですが、巨万の富をもってしても、どんな才能を注ぎ込んでも、我々は、この虫いっぴきを作れない。

命が、また新たな命を生み続ける連鎖もつくれない。


「自然はいっぱいいて、たった一人のぼくを見ている」

誰の言葉だったか忘れましたが、誰もがそういうたくさんの命に囲まれて生きているのです。その、幾億とも知れぬ命の、聞こえない律動が、今の僕を生かしているのです。

太鼓の音は不思議です。わけのわからない衝動も引き出すし、深く記憶の奥底まで連れても行きます。

「生命」というものが、一体何を企んでいるのか、その正体はとうていわかりませんが、太鼓の音はその正体の一番近いところで、我々に、「命の本音」について語りかけているのかもしれません。

明日の太鼓打ちへ

〈皮も木も生き物です。邪険に扱わないように。汚れてへこんだバチもゆっくり湯につけて洗えば、蘇ります。木の不思議です。〉

その十三　聞こえる音、聞こえない音

音について。
日本人が、静寂を好きかといえば、そうでもないような気がします。
むしろ、静かなことが耐え難いのではないか。

町の中ではあらゆる騒音がけたたましく鳴り響いていて、店の中も、喫茶店も、レストランも、ホテルも、あらゆるところで「音楽」が鳴りわたり、列車やホーム、街頭演説や選挙演説のスピーカーから遠慮のかけらもない「音」が流れます。せっかくの自然の中なのに、スキー場でも海水浴場でも流行の音楽がガンガン流されます。

外国（アメリカや西欧）から帰った人は決まって、日本はなんてうるさいんだ、と新聞に投書するし、もっともだと思うのですが、あんまり改善される気配がない。

もっと根本的な問題――きっと我々は静寂が嫌い、あるいは怖いのではないか。そう思うと、何かが見えて来ます。

ボストンの高級住宅街で知人の家にお世話になったことがありますが、その時に、「くれぐれも大声で話したり、かたまって行動しないで下さい。こちらの人は、静寂が乱されるとすぐ警察を呼びますから」と注意されたことがあります。

ニューヨーク郊外の山の中の別荘を借りた時も、「ここはプライベートの別荘地で、みんな静かな暮らしをしたいために、他人を一切入れないようにしていますから」と念を押されました。鹿が時折り出てくる他には、人が住んでいる気配さえない湖の美しい場所でしたが、日本では、こんな暮らしは寂しくてきっと続かないだろうと思いました。

静かで地味な音楽だと思っていた能楽を聞きに行くと、あまりのやかましさに驚きます。雅楽もかなり騒がしい音の連続で、演出は厳《おごそ》かですが、音だけ聞けばとても静寂を感じるようなものではありません。昔は、能楽も雅楽も、もっと今よりテンポの速いものだったそうですから、相当、けたたましい音楽だったでしょう。

以前、倉庫の空間を使ったギャラリーで、初めてたった一人でコンサートをやった時に、鹿威《ししおど》しの仕掛けを作って水を流したのですが、深山幽谷の気配どころか、けっこうやかましくて、何だか、どこかの階のトイレがいつも流れているような感じと言われて参りました。

静かな印象の鹿威しも、風鈴も、静寂に耐え兼ねた昔の人の有線放送のようなものだったかもしれません。

考えてみれば、我々は、生まれてから死ぬまで、音を聞かずにいることは一瞬もできないのです。

無響室というレコード会社の部屋に入ってみても、まったく無音状態のはずなのに、自分の体内の血の流れのような音が聞こえてきます。宇宙飛行士が宇宙空間の中で、これほどの静寂を聞いたことがない、恐ろしいほどだ、と言っていますが、きっとそういう時でさえ、我々は音を聞いているのです。

ジョン・ケージ（現代音楽の作曲家）の作品に『4分33秒』という「曲」があり、ピアニストはその時間だけ、ピアノの前に座ってなにも弾かない、聴衆はその間に静寂の中のあらゆる「音」を聴く体験をします。もうひとつの例で、スタンリー・キューブリック監督の『2001年宇宙の旅』の中で、宇宙飛行士の息づかいだけが延々流れるシーンがありました。これも、人の聴覚や心理状態というものをよくあらわした印象的な使い方でしたが、こういう感性は、現代のものなのだろう、という気がします。

静寂というものは、現実にはないし、あると恐ろしい。

人間が音を出さずにいられないのは、静寂の恐怖に耐えかねたあげくの、生きていくために必要な「活力」を得ようとする行為かもしれません。

人間の鼓膜がとらえる可聴音域は20Hz（ヘルツ）から20kHz（キロヘルツ）とされていますが、太鼓の場合は実際に聞こえない低域の音も振動として感じています。コンパクトディスクは、22・05kHz以上の音域を、人間に聞こえないからという理由と技術的な理由で、カットしていますが、最近の研究ではその聞こえないはずの高周波を含んだ音を、訓練を受けない普通の人が、実は聞き分けているということもわかりました。

音のデジタル処理は、音を0と1の信号に置き換えて記録する方法で、非常に雑音の少ない澄んだ音を実現しましたが、そのかわり、記録されない音も実際にあるわけです。

音を操作する意味では画期的な技術ですが、何かが失われている、と感じるオーディオマニアも多いし、素人も何となくそう感じている。

耳の機能の優れていることは、視覚障害の人を見れば明らかで、シンガーソングライターの長谷川きよしさんは「紅葉を見に行く。今日テレビを見てたら……」という言い方をする人で、太鼓の会のO氏は、子供の時から彼を知っている人ですが、「見えているんじゃないかとびっくりすることがよくある」と言ってました。

誰かが物を動かしてもすぐにわかるのは、物体の発する無音を聞き分けて、風景を認識している、ということでしょうか。

耳は我々の、想像以上の機能を持っているのでしょう。

中学生のころ、友達から借りたビートルズのドーナツ盤を粗末な「電蓄《でんちく》（電気蓄音機）」で初めて聞いてショックを受けた、あの雑音だらけの英語の音楽が、文化も言葉も違う日本の田舎の子供に衝撃を与えたのは、考えてみれば不思議なことですが、僕だけでなく、世界中の若者がそう思ったのですから、何か、人をつき動かす「音」があの音楽には含まれていたのかもしれません。

「澄んだ音」のデジタル音楽に、再び、そういうことが起きるのかどうか。

専門的に言えば「楽音」と違う「雑音」成分の多い打楽器の音にも、我々は魅力を感じるわけですから、このことは、おもしろい問題だと思います。

明日の太鼓打ちへ

〈太鼓の皮面は、場所によってさまざまな音を出します。真ん中と周辺の音の違いを注意深く聞きわけて、打ってみること。音にいろんなニュアンスがあるのが聞きとれるまで。〉

その十四　人が月になる時

「太鼓は打つだけじゃない。姿のいい太鼓を打って下さい」

歌舞伎囃子方の長老、十一代目田中傳左衛門師に太鼓を習ったときの、印象深いことばです。

歌舞伎では「出囃子《でばやし》」という舞台にずらりと並んで演奏する形式があります。演技する俳優の後ろに控えて、邪魔にならぬように演奏するからには、それなりの作法があり、その動きが伝統の様式美にもなっているわけです。

ところが、鼓や締め太鼓は出囃子に並びますが、実は、歌舞伎の大太鼓は舞台の表で演奏されることは、まったくありません。必ず「黒御簾《くろみす》」と呼ばれる下手《しもて》（舞台に向かって左）の袖の中の観客に見えない場所で打たれます。

芝居の進行を見ながら、波や風、雪、果てはお化けのドロドロ等の、効果音としての演奏を担当するのが歌舞伎の大太鼓ですから、それ自体の演奏を見せることはないのです。

出囃子も、見えない大太鼓も含めて、姿の良さ、が必要だというのは、いかにも古典を体現した理論家の傳左衛門先生らしい言い方ですが、姿の良さ——格調の高さというのは、見える形のことではなく、意識の問題でもあるということでしょう。

それを踏まえた上で、見せる、ということに腐心するのが表現者の常です。格調高い気持ちなら、そう見えるかというと、ことはそう簡単ではありません。

スーパー歌舞伎と銘打って活躍している三代目市川猿之助（現、二代目猿翁）さんの書かれた『演者の目』という本がありますが、これは、彼がその役を、その振りを、どう解釈して演じているかを、子細に分析して書いた本で、独自の表現を目指した迫力が手に取るように伝わってくる本です。よくぞここまで書いた、という感じの内容で、人に見せるということは、こんなにも客観的な目で演技を組み立てるのか、こんなにバラすとまずいんじゃないか、と思ったほどです。

僕が十代の頃、初めて歌舞伎をナマで見たのが、猿之助さんが宙乗りを始めた初期の頃でした。『義経千本桜』の狐忠信《きつねただのぶ》役でしたが、親の皮を張られた鼓にやっと出会えた、忠信に化けたその子狐が、嬉しさのあまり跳んだりはねたりしたあげく、鼓をくわえて宙に飛んで行く、その親を思う切ない心情が痛いほど伝わって来る名演技で、「ケレン」がこんなにも劇的な感動を呼ぶのかという気がするほど、みごとな演出でした。

その喜ぶ子狐のあまりの愛《いと》しさに、感動した観客席から思わず、といった感じで叫ぶように「よかったなあッ！」という掛け声が、宙乗りの猿之助さんにかかりましたが、あとにも先にも、客があんなに真情あふれる声をかけた芝居は見たことがありません。


今の猿之助さんの方向には賛否もありますが、宙乗り初期の頃に書かれたと思われるその本は、演技者が表現にかける気迫のようなものが満ちていて、当時の僕にはずいぶん勉強になったものです。


上方舞の名手、武原はんさんは、今では信じられないことですが、若い頃は姿勢が悪く、襟の中に針を仕込んで、形が悪くなるとそれが当たるようにして、克服したそうです。

僕の笛の師匠、藤舎名生《とうしゃめいしょう》（前、推峰）師の襲名披露の舞台で、地唄の「月」が舞われましたが、幕が上がった瞬間、その静止した姿のあまりの美しさに、歌舞伎座の観客全員が息を飲み、一瞬後に声にならないどよめきが沸きおこりました（もちろん、名生師の、静寂の彼方から糸を引くように聞こえてきた笛の美しさのせいでもありましたが）。

それは、単に立っていたのではなく、まさにその時、月になりきっていた、計算しつくされた姿だったわけで、それが三千の客全部に伝わる表現になっていたのだと思います。

「本人が苦しいくらいで、ちょうどいい」と言ったのは、演出家としての長谷川一夫です(14)。その言葉は、人に見せることで成り立つ表現者としての、強烈な自意識でもあり、又、自己犠牲の言葉とも思えます。美しく見せるということの極意はそういうものなのでしょう。

奇を衒《てら》った表現より簡素な表現の方がずっといいからといって、始めから何もしないでいることとは、簡素な表現さえ身につかない——、という意味のことを英国ロイヤル・シェイクスピア劇団の演出家、ピーター・ブルックが書いていた(『なにもない空間』)記憶がありますが、無作為に見えることが、ただの無作為ではなく、あらゆる経験や工夫を経た後の、巧まざる表現になってはじめて、生きたものになるということなのでしょう。

様式を伴う古典の表現には、様式性ゆえの弊害もありますが、それを獲得しないことには訴える力も持てない、そして、さらには、その様式を感じさせないところまで行ってはじめて、いきいきとした表現になるということです。麿赤兒さんは、たこ八郎さんの動きに感心していましたが、巧まざる表現の行き着くところを見ていたのでしょう。

観阿弥、世阿弥の申楽《さるがく》の時代から、出雲の阿国《おくに》以降の歌舞伎の数々の担い手まで、この国で表現を職業とする者は、常に「どう、見せるか」ということと闘い続けてきました。言ってしまえば、「見られてなんぼ」の仕事です。

太鼓は視覚の要素の多い「音楽」です。見られることを過剰に意識しすぎる必要はないにしても、良い音を出すにふさわしい、適《かな》った動きがあるはずです。

それを、意識できれば、無理な動きや無駄な力も抜けると思います。

姿のいい太鼓とは、そういうものだと思います。

明日の太鼓打ちへ

〈たったひとつの太鼓だけで、どんなことができるか、をやってみる。そこに行き着くまでの試行錯誤でやったあらゆることを、ひとつの太鼓の中に生かしてみる。シンプルがいかにたくさんの要素でできあがるのかがわかれば、立派。〉

(14)　彼が、テレビに初出演して話題になった『赤穂浪士』の大石役の涙を流すアップのシーンで、とっさに手に持っていた白扇を広げて涙が光る効果を助けたのは、有名な逸話で、どう見えれば美しいかを、常に意識していた人らしいエピソード。余談だが、僕の親父の学生時代の友人で、大映京都撮影所長、後のプロデューサー松山英夫氏から聞いた話として母が語ったところによると、「長谷川という役者は、セットの中の何百とついているライトの一つが消えて、照明係でさえ気がつかない時でもすぐわかる、たいしたもんだ」ということだった。因みに僕の名の、「英」の字は、その松山氏からもらったらしい。「哲」は祖父の名、哲《てつ》深《しん》から。

その十五　単色の虹

色について。

太鼓の音の色彩感について、初めて意識するようになったのは、現代音楽に接してからで、きっかけは『モノクローム』という曲を石井眞木さんに作曲して頂いてからです(15)。

五線譜に書かれた太鼓のための現代音楽作品は、おそらく全く前例のないものでしたから、どうやって、譜面に書かれた音符を自分で実際の「音」として表わしていくか、手本がありませんでした。唯一、手掛かりになったのが、タイトルのモノクローム――単色――のイメージです。

書道では、墨にたくさんの色を感じるようですが、単色について、僕にその頃わかるのは、強いか弱いか、明るいか暗いか、濃いか薄いか――そのくらいのもので、それを音にした時に一番具体的な表現で言うと、聞こえるか聞こえないか、になります。

まさに、これが一番難しい技術でした。

曲の出だしは、聞こえるか聞こえないかの音で「タカタカタカ……」と打ち始め、しだいにその人数が増えていって、耳を聾せんばかりの音量になっていくのですが、これを、まったくのユニゾン（同旋律を全員で弾く）のリズムで、一音の乱れもなく揃うように演奏するのです。至難の業でした。

技術的なことは、打楽器奏者の山口恭範《やすのり》さんに教えてもらいましたが、初演の時は、打ち出しパートの僕は、緊張で手の震えが止まらず、「カタカタ」がガタガタになったような按配でした。太鼓の音が、強弱や奏法でこんなにも表現力を出せるのかということを、この曲をやるようになって初めて知ったのですが、音の単色の中の明暗や色彩を自在に意識できるまでには、ずいぶん時間がかかったような気がします。舞台で何年もやり続けた成果です。

しかし、その明暗に気づき、その音の中で全身が耳になったような感じを摑むようになると、これほど面白い曲はありませんでした。毎日演奏しても、飽きることがありませんでした。全盲の人が、一番熱心に聞き入ってくれ、深い感想をくれたのもこの曲です。

「人の一生を聴いたようだ」、と言った高校生もいました。

僕にとっては、この曲との出会いが運命を変えたと言ってもいいようなものです。

このような表現に出会わなければ、どこかで太鼓とはさっさと縁を切ったか、太鼓好きのフッーのオニイサンで終わっていたところです。

西洋の打楽器はたとえばティンパニーに象徴されるように、音階のある「楽音」志向があり、「雑音」成分の多い打楽器は、オーケストラの中では、薬味的な役割を任じるのが一般的です。その西洋の色彩的な音に対比させる意味で、太鼓の雑音成分だけで構成されたこの曲を、石井さんが「モノクローム」（単彩色）と名付けたのは、とても象徴的なことだと思います。

その単彩の中で表現が充分に可能、いや、単彩ならではの陰影と強さを持った、色彩にはできない表現が可能だということを示した、和太鼓にとっては画期的な曲でした。

音に色合いを感じるのは誰にもあることでしょうが、ただ、太鼓にそんなものがあるとは、それまで誰も気がつかなかった。

現代音楽が、それまで音楽として顧みられなかった「雑音」というものを手に入れ、表現の可能性を一気に広げたのは、僕のような太鼓打ちにとっても、音楽にとっても幸せなことで、少なくとも伝統の世界が思いもつかなかったことが、実現する、そのきっかけに立ち会えたのは、僕にとっては幸運（あるいは不幸の始まり）でした。

この曲が契機になって、その後、ボストンシンフォニー、小澤征爾さん指揮で世界初演をすることになる『モノプリズム[16]』（モノクロームとプリズム――虹の光線を映すガラス――との造語）

ができ、世界のコンサートホールで何度も演奏することができたのです。

色自体に、いい色、悪い色というのはなく、どんな彩度や明度の色でも、配色や形や分量、質感で、印象はずいぶん変わって見えます。色自体に、いい、悪いの責任はない。

美術を多少やっていたので、そんなことを思うのかもしれませんが、大胆にいえば、音もそうで、音楽に「雑音」というものはない。あるとすれば、好きか嫌いかでしょう。

どんな音にも、色感や表情があって、注意深く聞けばそれが見えてくる。同じはずのレコードが、聴く場所や雰囲気で、えっ、と思うような違う感じになるのは、よくあることです。我々が相手にしているものは、そういう、不確かで移ろいやすい、だからこそ面白い表現なのです。

がむしゃらに打つ太鼓にも、十人十色があります。

骨格が異なり、体重が違えば、同じ力量でも太鼓の音は変わるのですから、意識が変わればもっと違った音になり、音のトーンも変化する。

色彩が変わるのです。

そういうことが、実際に理解できる経験は、なかなか少ないのですが、あるイメージがあれば、ではそれを音にするとどうなるのか、やってみる価値は充分にあります。

世界的な打楽器ソリストとして注目を浴びた、ツトム・ヤマシタ氏が教えを受けた先生は、今日は哀しみを表現しなさい、今日は怒りをやってみなさい、という指導をして、技術的なことはあまり言わなかった、と聞きました。

そういう方法もあるのです。試してみると、たとえ、怒りも喜びもおんなじだね、と言われても、自分の中では確実に何かが変わるのがわかるはずです。見えないけれど、内部で形や色になる、大変な進歩です。大事にしてください。

明日の太鼓打ちへ

〈太鼓以外のものを何でも叩いてみる。ステンレスボウルとかごみバケツとか梯子や車の部品、なんでもいい。響きや、余韻、音色、打つ強弱で変わる鳴り、音のいろんな色彩がわかる。太鼓だけでは気がつかないことがわかります。〉

(15)　ボストンマラソンに出た時、家族で応援に来てくれた小澤征爾さんが、何か一緒にできる曲があるといいね、と言ってベルリンの石井さんに電話で依頼――そして出来たのがこの曲。締め太鼓七台、長胴太鼓三台、銅羅二台の編成で、奏者八（九）人。一九七五年、東京文化会館小ホール、パンムジークフェスティバルで初演。

（16）オーケストラと日本太鼓のための協奏曲。七六年、アメリカ、タングルウッドでボストンシンフォニー、鬼太鼓座、小澤征爾指揮で世界初演。同年十二月、新日本フィルハーモニーとも共演して、石井さんはこの年の尾高賞（作曲賞）を受賞。翌年、ＮＨＫ交響楽団、岩城宏之指揮で記念演奏会。余談だが、この『モノプリズム』を大阪フィルハーモニー、朝比奈隆さん指揮でやったときに、たぶんオーケストラをナマで聴くのも、現代曲を耳にするのも生まれてはじめてだったはずの母が「いろんな音が次から次、色になって目に見えるようでなあ、良かったでえ」と喜んでいたのを思い出す。明治女の母が、タイトルの意味を理解していたとは思えず、メロディーの感じにくい現代曲を楽しんで聞き、それにしては結構的確な感想で、この感受性を僕はもらったのかもしれない。

その十六　非日常的肉体

僕のことを、体格のいい年配の男だと思っている人は多く、初対面の人に、エッ、あなたが太鼓打ちですか、という反応をされることがよくあります。

舞台を観た直後の人にさえ、「もっと大きく見えました、こんなに小柄で若いとは……」と言われますから、太鼓に向かっている時の僕はきっと別人のように見えるのでしょう。

日常の自分と余りに違うために、現実生活では小さなトラブルもよく起こる、と言うと、作家の村松友視さんに、「それなら、打って変わった林です、って今度から言えばいいじゃない」と、言われたことがありましたが、太鼓に向かうどこかの時点で、意識しないうちに僕は別な何者かに変身しているのでしょう。

憑依《ひょうい》や変身は、神事芸能では昔から行なわれていることで、神の霊力を得る「神がかり」や、動物の強さを肉体に呼び込む「憑依」の形は、自分の力以上のなにものかに変身する行為――つまりは芸能の始原でもあります。

人間は本能が壊れた存在である、という岸田秀理論によれば、動物は生きるために必要な行動を本能のままに行なうが、人間は本能が壊れているために、さまざまなものから行動を学習してやっと人になる。例えば、オオカミに育てられた人間の子供は、オオカミの行動を学習して、オオカミとしてしか生きてゆけないようになり、人間の社会に連れて来られると生きてゆくことができない。オオカミになることができるのは、人間ならではであり、他の動物ならばそれは不可能で、人は人の社会で学習してはじめて人の行動がとれるようになる。

人には、こうでなければならない、という行動本能がない（壊れている）から、逆に何にでもなれる――。

確かに、役者でなくても多かれ少なかれ日常でも演技をしたり、地位に応じた変身も要求されれば、傍目にはわけのわからない「イワシの頭の信心」もする。芸術や音楽を愛でたり、主張を通すために命をかける等ということも、生きる本能に支えられている動物はやらないし、そういうことを考えれば、本能が壊れていることが人間の特徴だというのはよくわかります。つまり我々は、何にでもなれる奇跡を獲得したのです。

僕が佐渡で訓練を始めた初期の頃、「櫓のお七[17]」という人形振りで太鼓を打つ演目の黒子《くろこ》（人形遣い）の役をやっていました。

ある時の稽古で、人形が黒子の手を離れて、だんだん人間になっていく後半場面で、後ろに控えてただじっと座っていたのですが、その時に僕の気配が消えてあまりに黒子になりきっているので、前で踊っている人形よりかえって目立った、と言われたことがありました。

振り付けの花柳照奈師や、映画監督の篠田正浩さんにそのことを大変褒められて、ちょっととまどったのですが、僕としては、点になっていればいい、と思って座っていたのです。

同じようなことを、カーネギーホールのコンサート[18]の時も言われました。

オーケストラだけが演奏する前半部分で、太鼓の前に座って、聴衆に背を向けてただじっと待っていたのですが、見ている方からは、そこにいるのにあまりに気配がなくて動かないので、その緊張感が大変印象に残ったらしく、「あの、長い間少しも動かないで座っているのがとても素晴らしかった」と、妙な賛辞を贈られました。

その時も、オーケストラの音の邪魔にならないようにと思って座っていただけです。

僕は体格に恵まれたほうでもないし、体力が並み外れてあるわけでもない、ちょっと見には太鼓なんて打てそうにもないひ弱な印象ですが、何かになりきる意志――自己暗示がきっと、普通の人より強いかもしれない、そうは感じます。

何かに変身するのも、気配を消すのも、一種の自己暗示なのだと思います。

太鼓は、その音の印象も強く、丸い形であるのも実際のサイズ以上に大きく感じやすいものです。そういう助けを得て、僕はたぶん、大きく強く見えるのでしょうが、それに加えて、自分が物理的な大きさ以上の「音」そのものになる気持ち（集中力）が、日常とは、まったく別の存在にしてくれるのではないかと思います。

僕を太鼓に向かって突き動かしている衝動が、僕の肉体の存在を超えた表現力になっている――大きく見える秘密はそこら辺にあるかもしれません。

普段の自分とまったく違う存在になれるのは、芸能の最大の魅力です。

それを職業とする人は、なりきるための方法に腐心するのが常ですが、それは、さまざまな稽古を経て体得するものでもあります。

古の祭りでは、何日かの精進潔斎《しょうじんけっさい》や禊《みそ》ぎの期間を経て、神を迎える肉体に変身します。勝負という決め手のない結果に賭ける運動選手のトレーニングも、ある意味では同じことかもしれません。そういう期間を経たことが、自信につながり、自己暗示を可能にするのだと思います。スポーツの世界では、ここぞという大事な場面で信じられないような技や記録が出るのは実際にあることです。[19]

あまりこういうことを書くのはオカルトっぽくて気がひけますが、僕も、太鼓の強打の連続でもうギリギリの疲労状態の時に、自分がふっと自分から離れて、舞台のスノコ（照明などを吊りこんである更に上の天井）あたりから、打っている自分を眺めていたことがあります。客席の上の空間に「音」が、手を伸ばせば触れられるほどはっきり浮かんでいるのが見えたこともありました。[20]

そういう超常現象が起きる時の人間というのは、肉体の極限状態の時に、極度の集中力と自己暗示が重なって、通常では考えられない力が出ているのでしょう。言ってみれば、火事場の馬鹿力です。[21]

自分の力を最大に引きだし、かつ、できない事までも可能にする――自己暗示の持つ力は人間にしかできない、一番大きい力なのかもしれません。それはきっと、人間なら誰もが持つ能力なのです。

どうも、人間は不可思議でやっかいな生き物ですが、それだから、やっぱりとても面白い、大変なことが可能な存在なのです。

明日の太鼓打ちへ

〈太鼓を打ちながら、声を出してみる。ウッとかハッとか短い息を吐いたり、長くアーと出してもいい。思いつくメロディーでもいい。その声に乗せて、太鼓の調子が変化してくるのを感じながらやる。あなただけの音楽になります。〉

(17) 芝居で有名な、八百屋お七の物語。火事で焼け出され、お寺に寄宿したお七が寺小姓の吉三郎と恋仲になり、もう一度火をつければ吉三《きちざ》に会えると火を放つ。文楽や歌舞伎では、それに、吉三親子のお家騒動がからみ、家宝の刀のあり場所を知ったお七が、そのことを吉三に一刻も早く知らせるため、町々の木戸が閉まった夜更けに火を放ち、雪の降りしきる中、櫓の太鼓を打って木戸を開けさせる、という話になっている。舞踊では、人形振りという形で演じられ、文楽のように黒子の人形遣い役が三人ついて、踊り手を人形のように操作する振りをやる。最後のシーンでは、人間に戻った踊り手が太鼓を打って幕になる。鬼太鼓座時代には、津軽三味線で踊る振り付けで演じられた。

(18) 一九八四年二月に行なわれた「ミュージックジャパンコンサート」(日本の交響曲の夕べ)。水野修孝作曲「交響的変容第三部」をアメリカンシンフォニーオーケストラ、モーリス・ラング（ニューヨークフィル首席ティンパニスト）、林英哲、岩城宏之指揮で演奏した。僕のオーケストラソリストとしての、海外でのコンサートデビュー。

(19)　アメリカのマーフィー&ホワイトが書いた『スポーツと超能力』に詳しい。

(20)　鬼太鼓時代に、渋谷公会堂と名古屋市民会館で実際に体験した。パリのピエール・カルダン劇場（エスパス・ピエール・カルダン）でも連続公演のある日、集中力がものすごく高まって、全員の呼吸が一本の糸で繋がって見えるかのような完璧な演奏ができたことがあり、毎日通って来ていた熱烈なパリジャンのファンが、「今日はどうかしたのか、あんまり凄くて客は拍手もできなかった」と楽屋までわざわざ言いに来たことがある（毎日の舞台のあと、必ずその日の出来について説教をする田氏がその日に限っていなかったのが原因と思われる。今日は怒られないで済む、その解放感は当時の我々にとっては大きかった）。

(21)　モルヒネ様の性質を持つ快楽物質「エンドルフィン」は、激しい肉体疲労時などに脳内に現われてランナーズ・ハイなどの高揚感をもたらすとされる。脳の側頭葉と前頭葉の間の溝「シルヴィウス裂」を刺激すると音楽が聞こえたり体外離脱感を得る、という研究もあり、登山家が空気の薄い高山で、疲労の極限に自分が前を歩いているのを見る体験や、酸素の薄いヒマラヤのチベット仏教の修行僧が瞑想中に町まで飛んで行って帰って来る体外離脱などは、そういう脳の機能ではないか、と言われる。シンガーソングライターで、精神科医の北山修さんによれば、「英哲があんなに辛そうな太鼓を打ち続けられるのはエンドルフィンのせいで、きっと本人はものすごく気持ちいいに違いない」とのこと。

その十七　女性と太鼓

あらゆる分野で、女性が目覚ましい活躍をしています。太鼓や祭りにも積極的に参加する女性が目立ってきました。

祭りの形もずいぶん様変わりしてきましたから、女性の参加も当然ではあるのですが、伝統の祭りのように、「男社会の家族の補完物としての情念発散システム」（心理学者、小倉千加子）が一貫している場に、女性が居場所を見つけるのは、今の時代でも、正直なところ相当むずかしいだろうと思います。

男が政治の場や、祭りの場で情念を発散するように、女性には家庭や花柳界という情念発散システムがあって男をコントロールしてきたのが（是非はともかく）日本の社会でした。その崩壊を迎えつつある中で、祭りに女性が参加するようになってきたわけですが、伝統の情念を乗り越えるにはまだまだ時間が足りないように思います。

それは、伝統の形を帯びながら伝統に昇華しきれていないものには共通して言えることで、女性の太鼓や御神輿に限らず、男の新興の太鼓チームもふくめて、別の言い方をすれば、どこに感情移入をしていいのか、見ている方がとまどっているのが現実だろうと思います。

新興の女性太鼓チームに関して言えば、「おみこし大好きイケイケお祭りギャル」風なのがはやりですが、あれはサーキット場とか、フットボールのハーフタイムショウで見せるやり方で、そういうスポーツのりを祭り半纏《ばんてん》に包んでやってしまうのは、正直なところ無理を感じるわけです。

だいたい、色っぽく見えない。損だと思います。

今回は色気について、ということなので、このまま脱線風にいきますが、色気もありよ、というところを見せるつもりなら、そのままどんどん脱いでいく職種のひとにはかなわないわけで、素人が妙に胸高に晒《さらし》を巻いたりキンキラの衣装を着るのは、どうかと思う。少なくとも、品がいいとは言いにくい。見ている人（特に男）の目には、伝統の姿なのか、色気なのかはっきりしてもらわないと、感情移入ができないのです。

色気を感じさせる女性の太鼓打ちは、何人か見ましたが、みなお婆さんでした。
それも粋すじの、いろんな水をくぐり抜けたといった感じのサラリとした風情になっている女性で、こういう人が、まあ、ちょっとね、という風にバチを持って太鼓に向かうと本当に色っぽい。きちんと着物を着ているのが、太鼓に向かうと多少動きで乱れる、そういうわずかなことなのに、お婆さんなのに、充分に色気も品もあってまことにカッコいい。元気いっぱいのギャルもこれにはかないません。

その代表だったのが、八丈島の稲田カエさん。九十過ぎまで現役で太鼓を打っていた方でした。もう、顔なんて翁の面のようにひょうひょうとしていましたが、白髪をきりっと結い上げて着物をサラリと着て、ホテルの舞台に通う姿は、とても九十近いお婆さんとは思えない艶っぽさがありました。そして、品のいい太鼓を背すじをシャンとのばして打った。

まあ、色気などというものについては、先達がいっぱいいらっしゃるから、僕がどうこう言う筋合いのものではありませんが、例えば、黒紋付きに身を包んだ芸妓さんあたりが、声高に自立を叫びも形を乱しもせず、女の情念の昇華システムを作り上げて芸を磨いているのを見ると、あれが知恵というものなのかと思ったりするのです。
女だってやるわよ、というコンプレックスの裏返しのような出で立ちは、気持ちはわからないではありませんが、いつまでたっても居場所を得にくいのではないかと思われます。

チアリーダーやレースクイーンのようなあっけらかんの見せ方は、あれはアメリカ型の新しい文化を持つ社会が獲得したやり方で、そういうバックグラウンドのものだから許容できるのです。納得できる。

今の女性太鼓チームのすべてがそうだというわけではありませんし、女性太鼓に限ったことでもないのですが、真摯に取り組んでいるのなら余計に、そうは見えない現実があるということを認識したほうがいい。そうして、形やいでたちの部分ではなく、もっと基本的な自分たちの意志や、衝動のみなもとを探り、社会の中で見世物としてではない機能を獲得することを大事にして欲しいと思います。

女性の太鼓ならではの色気は、そういうことの中から自然にこぼれれば最高だと思うのですが。

明日の太鼓打ちへ

〈稽古の時に着物を着てみる。袖や裾のさばき方がわかるし、帯をしめた腰のため方も身につく。衣装が自然に体に沿ってくるようになれば、一人前です。〉

その十八　バチについて

太鼓打ち、バチ[22]がなければただの人——と誰が言うわけではありませんが、実際、バチがなければ何もできないのが太鼓打ちです。

にもかかわらず、一番、神経を払われないのもバチであるようで、他人と共用されたり折れれば平気でゴミ箱に捨てられるのを、よく見かけます。

バチは単なる棒ではありません。少なくとも、太鼓を打とうと思っている人間にとっては、自分の腕にあたるものです。

長い舞台生活の中では、バチがすべって飛んでいったり、折れたりして冷汗をかいたことが何度もあり、その度にバチの重要性を認識します。

今は、気に入った材料と形が決まっているのでまとめて作ってもらいますが、昔は自分の使うバチは、すべて試行錯誤の末に自分に合わせた工夫を施《ほどこ》して削っていたので、手に馴染んで使いやすいバチが折れたりした時は、自分の替わりに折れてくれたようで、「ご苦労さん」の声をかけてやりたくなるほどです。

今でも、折れたバチは全部とっておいてバチ供養をします。音がよく鳴るのも、手がうまくさばけるのもバランスのいいバチがあっての仕事ですから、なにもそこまでしなくても、という気にはとてもなれません。

我々のような打ち方だと、バチが消耗品なのはやむを得ないのですが、能楽の太鼓方のバチを見せてもらうと、先の角が取れて丸くなり、飴色になっても使っています。ほとんど一生もののバチです。ここまで使ってやればバチも本望でしょう。

僕が初舞台を踏んだ二十歳の時、バチで忘れられない思い出があります。

関西の老舗の料亭にある能舞台で、師匠の藤舎呂悦《とうしゃろえつ》先生に伴奏をお願いして一人で打ったのが初舞台だったのですが、その時に、別に、師匠の先生方だけによる長唄「鏡獅子」の合方の演奏も行なわれました。

関西財界の歴々が臨席とあって、先生方の気合のみなぎった急調子の獅子の「狂い」が最高に盛り上がった、まさにその時、太鼓方のバチがポーンとすべって飛んで行ったのです。

一瞬、見ていた客人全員の息が止まったように感じました。バチは無慈悲にも、舞台の中央あたりまでカラカラところがって行って止まりました。しかし、さすがにプロの演奏家で、太鼓のパートを呂悦先生の超絶技の鼓と大鼓がカバーして曲は止まることなく続けられたのですが、太鼓方は、なす術がありません。

バチは能舞台の真ん中にころがったままです。どうなることかと固唾を飲んで見守っていたのですが、曲が一段落したところで笛の藤舎推峰《すいほう》（現、名生）先生が、スッと立ってバチを取って太鼓方のところまでしずしずと持って行かれました。

全員が胸を撫で下ろしたような空気が流れ、あとでは「あれは演出だったのか」という声も出たほど印象的な収めかたで、かえって客人には評判になったのですが、バチを飛ばした本人にはたまらなかったことでしょう。楽屋で「もうしわけございませんッ」と謝られた姿が、忘れられません。

こういう時、お能ではどうするんですか、と今春《こんぱる》流の若手太鼓方、吉谷潔さんに聞くと、

「昔なら、切腹もんですからねえ。予備にバチを置くことはしないんですが、もしそうなったら扇子を替わりに使うんです」

ということでした。

「切腹」という言葉が今の時代の若手からサラリと出るのには驚きますが、舞台が生死をかけた場であるのは、それで飯を食っている者としては当然のことで、僕にしても、これは他人事では

済まされません。

予備のバチを必ず置くようになったのは、その時の印象が強かったからだと思います。


ところで、バチに使う木は、ヒノキ、カシ、ホウ、などですが、その土地にしかない木を使うところもありますから、いちがいに何がいいとは言えません。最近では、カエデやヒッコリーなどの輸入材を使うこともあります。

三尺前後の大太鼓では、ヒノキの太バチが一番打ちやすさも音もいいと思いますが、縁打ちには適しません。カラカラと縁を打つ奏法の、河内音頭などの盆踊り系の太鼓には、目の真っ直ぐ通ったカシが合います。木口から息を吹き込むと、反対側から息が漏れるような木が、カラカラといい音を出します。二尺前後の太鼓にもカシが合いますが、カシは硬いので皮のギン（表皮）が割れやすく、胴も傷になりやすいので注意が必要です。

ホウは、カシとヒノキの中間で、太さや形を工夫すると色々な用途に使えます。

木肌に品があって打ちやすいのは、ヒノキです。皮にも優しく、手の平の汗も吸ってくれるので滑らず、加工もしやすいし、汚れやへこみも洗うともとに戻ります。木口から割れてくることがありますので、ボンドなどを塗って防ぎます。

木口の丸みも音に影響しますから、奏法に合わせて気にいった形に削ってみるといいでしょう。

同じ太鼓でも、バチの種類を替えるとまったく違う音になります。曲によって替えてみたりすると変化もつきますから、工夫してみるとよいと思います。

皮を張り替えたばかりの太鼓は、音がカン高いので、少し重めのバチを使うと音が落ち着きます。そういう皮の状態とか、打つ時の場所の響き具合、天候、などにも気を配って下さい。

材質の違い、重さ、長さ、太さ、バランスなどは、各人の体型や技量、使う太鼓の大きさなどによってみな変わってきますから、全員同じバチで打つというのは、工夫が足りないやり方です。

太鼓の持っているさまざまな可能性を引き出すのは、まず、最初に皮にあたるバチの役目でもありますから、色々試してみること。試しただけの結果は、必ず得られると思います。

明日の太鼓打ちへ

〈打ち込む時のバチは、皮に当たる瞬間に、強くにぎりしめて、ゆるめる。連打する時は、皮の反動を利用して、バチをはね返す。この使いわけができれば、音の表情が豊かになります。〉

(22) バチの字は「枹」、「撥」、「桴」などと書きますが、太鼓のバチは「桴」と書くのが正しいようです。「バイ」とも読みます。

その十九　人は服で決まる

人間が猿とは違うことの特徴として、道具の使用、ということがありますが、最近の研究ではある種のチンパンジーなどは、上手に道具を使うということがわかってきています。二足歩行も「反省ザル」次郎クンのように達者な猿もいます。人間が類人猿とどう違うかということは、遺伝子のレベルでも行動学上でもますます説明しにくくなっているらしい――ゴリラは「ドラミング」もやりますし。

それでも一番違うのは、全身に体毛がないことでしょう。人間が「裸のサル」（デズモンド・モリスの古典的名著）と言われる所以ですが、裸であるが故に人間にとって衣装を身にまとうという行為は重要な意味を持っています。

動物界では、他より目立つ姿は天敵の標的になりやすいので、保護色になる傾向があり、目立つ姿は天敵のいない島などで、異性へのデモンストレーション用として発達したようです。人間の場合も事情は動物に似ているような気がしますが、加えて帰属社会での職業や地位、個性や意思表示の傾向があるようで、どんな民族も衣装に大変なエネルギーを注ぎ込んだ歴史を持っています。

さて、日本の太鼓打ちの衣装といえば、腹掛け、股引《ももひ》きに半纏《はんてん》、鉢巻きの車引きスタイルが定番ですが、これは昔の職人さん一般の衣装でもあります。(23) 太鼓上手は、職人さんが多かったせいでしょう。

僕がこの衣装を初めて誂《あつら》えたのは、十九歳の時、東京の下町、三ノ輪の足袋《たび》屋さんでしたが、体中の各部の寸法を細かく採寸されて、まさにピッタリ張り付くように仕立て上がったのには驚きました。

職人さんの衣装というのは仕事着と同時にこれが正装で、祝儀、不祝儀にかかわらずどんな時にもこのいでたちで通用するものなんだそうで、だからぴったりと自分にあったものを誂えるンで、とは御主人の弁。なるほど。木綿の別染めで仕立てるとスーツ一着より高くつくのですから、そういうお金のかけ方にはいかにも江戸前の職人らしい洒落っ気と誇りを感じます。鳶《とび》職の頭《かしら》などは英国製の高級生地で誂えて、御贔屓《ごひいき》の年始回りの時などに着用するそうです。

以来十年間（一九九二年当時）、僕はこの木綿の一張羅の職人スタイルと、晒の褌で世界中の舞台に出ました。イブニングドレスとタキシード姿の観客が埋め尽くすニューヨークの劇場でも、子供が走り回る公民館でも、皇太子夫妻（今上天皇皇后）の前でもいつもこの格好で、それで引け目を感じることはありませんでした。半纏と、究極の衣装ともいうべき褌は、言わば世界一シンプルな正装として通用したのです。

日本人の体型に合うのは、やはり日本の衣装です。それは海外に行って仕事をすると実感します。タキシード姿でバリッとしたあちらの人々の前で、同じ格好をするのは気後れするものですが、着物なら自信がもてます。造形という側面からいえば、我々日本人は世界に類のない優れた造形感覚を持っていて、たくさんの用途に適った衣装デザインを生んできました。現代の我々には前近代を葬り去りたい、過去の遺物を着たくないという心理もありますが、しかし着物を満足に着ることさえできないで、英国人の考えたスーツを、普段着はともかくとして、正装にしているのは考えものだと思います。

英国人に言わせると、「日本人のスーツ姿は死ぬほど可笑しい」というのを読んだ覚えがあります。サミットに集まる各国の首脳の中で、日本の首相がとりわけ立派に見える、とは残念ながら日本人にも言いにくい。白足袋、袴《はかま》姿で通した吉田茂首相のほうが、この点では見識が高かったと思います。オリンピックの選手入場で民族衣装で登場したモンゴルやブータンの選手は、同じアジアの民族という贔屓目《ひいきめ》もありますが、堂々と立派でした。単に民族衣装だから良かったわけではなく、そのいでたちを支える高い誇りが彼らを光らせていたのだと思います。

ソロになってからの僕の舞台衣装は、このあたりのことをよく理解してもらっている着物デザイナーの江木良彦さんにお願いするようになりました。

「着物ったって、作業着から礼装まであって昔の人はそれで生活してたんだから。今の人は窮屈だと言うけど、動きやすいものがあるのを知らないだけでね」

とは江木さんの弁。

半纏などの衣装は、祭りなどでずらりと勢揃いした時は絵になりますが、一人で太鼓を打つには難しいと思ったので、歌舞伎の大道具さんや獅子舞いが着ている達付《たっつ》け袴《ばかま》を参考にして作ってもらっています。民俗芸能の中ではたくさん着られているもので、胴長短足の日本人が激しく動き、大汗をかき、しかも品格を損なわずに見える、という太鼓打ちの動作にもまことによくあった衣装です。

今のように情報が早く伝わる社会では、映像で見えるものはすぐ、あっちでもこっちでも同じようなものができてしまいます。衣装などは特にそうなりやすいもので、このところ僕の衣装を参考にしているらしい太鼓グループをよく見掛けるようになり、冷汗をかくことがあります。悪いのですが、何だか外国映画に出てくる国籍不明のアジア系忍者のような感じで（他人のことは言えた義理ではない。僕も子供たちにニンジャ！　と言われる）、これはきっと着物を一度も着たことのない人の発想だからでしょう。自分で帯が締められないと、日本人でさえ日本の衣装は単に飾りのように見えてしまいます。

ファッションショーの仕事をしてからは、人間が衣装に何を託してきたのか、ということを考えるようになりました。

山本寛斎さんや山口小夜子さんは、ニューヨークで我々の舞台[24]を見に来られて感激され、その後ソロになってから何度も仕事をご一緒させてもらいましたが[25]、服をいかに作り、いかに見せるかという現場に立ち会うと、人間にとって衣装とは単に暑さ寒さを凌ぐだけではない、意思表示であり「表現」であるということを強く感じます。

小夜子さんは普段でも「山口小夜子！」という格好を崩さない人で、普段はラフな格好をすることが多いモデルさんの中でも際立っています。疲れないかなあ、と聞くと、「だってどうしたって私だってわかってしまうから、中途半端な格好はできないもの」という答えでした。さすがに、街だろうがビルディングだろうが着ろと言われれば着てみせる、という方だけのことはあります。着ることを「表現」として選んだ者の、自負でしょう。

僕の二十代は、貰い物の服につぎあてして布が消滅するまで着る、という生活でしたからファッションとは全く無縁だったのですが、そういう態度はかえってデザイナーには新鮮に映ったらしく、最初に我々の太鼓をヨーロッパに紹介してもらうきっかけになったのは、ピエール・カルダンさんとの出会いがあったからです[26]。

僕の仕事の大事なきっかけに、いつもそういうデザイナーとのご縁があったのは不思議ですが、生き方、主張を身に纏《まと》うのがファッションでもあるのなら、当時の我々はボロは着ていても、妙な言い方ですが充分「ファッショナブル」だったのかもしれません。きらびやかな姿ではないが、それを超えたものを見せる、という若い気負いもあり、そういう気持ちが衣装という造形に勢いを持たせたのでしょう。

人間にとって衣装とは、単に布ではありません。そこに、さまざまな意味をこめ、意志を主張するものですが、日本人としての姿が良く見える、ということは、太鼓の打ち方の体得にも言えるわけで、それなくして衣装も成り立ちません。僕の江木さんの衣装はお陰で海外でも必ず質問攻めに遭います。「その素晴らしい衣装は、伝統的なものであるか?」。ドイツのオペラハウスでもカーネギーホールでも真っ先に聞かれました。「日本人がこんなに美しいとは思わなかった」とも言われました。有り難いことです。

「CLOTHES MADE A MAN」――人は服で決まる――という台詞をジャック・ニコルソンが言う映画がありましたが[27]、衣装というものは、いつの時代もどの民族でもそういう側面があるのかもしれません。

きちんと衣装を身につけているという意識は、舞台では特に重要です。そういう意識が自分をいつもと違う場所へ連れて行ってくれるからです。たかが衣装、されど衣装なのです。

明日の太鼓打ちへ

〈腰を中心にして、肩、肘、手首、バチ先までを一本のムチのようにイメージして体を使ってみる。力がバチの先にまで無駄なく伝わり、音に生きるように。力むと、そこで余計な力が加わり、音が失われます。〉

(23)　腹掛けは「どんぶり」とも言い、大工道具に合わせたたくさんのポケットがついているもの。股引きは足回りが軽快に動けるようぴったりとしていて、半纏は所属の「組」などの決まったデザインがあり、他の人はその柄を勝手に使えないことになっている。当時の我々の半纏は、後援者でもあった工業デザイナーの秋岡芳夫さんのデザイン。

(24)　一九七八年五月、ピエール・カルダンプレゼンツによるニューヨーク、ブロードウェイ(正確には商業劇場エリアから少し離れているのでオフ・ブロードウェイということになるらしい)のビーコンシアターの公演。ロングランを目指し、評判は上々で観客は増え続けていたにもかかわらず、ニューヨーク・タイムズの劇評家だけが「鬼太鼓座は、日本の歌舞伎や能などに見られる伝統的な静的な内面表現を、パワーでみごとにぶち壊している」と否定的に書いたため、劇場主が、タイムズにこう書かれてはこれ以上続けられないと判断して二週間で幕になった。ニューヨークの厳しさだった。

(25)　八二年十二月、僕の初のソロコンサート「空を叩いて透く」のゲストに小夜子さんに出演してもらい、その後、寛斎さんのパリコレクションで初めてたった一人で大太鼓を打った。八三年の大規模なファッションショー「大寛激祭」ではモデルもやり、八七年のパルコ劇場「心エネルギー」では演奏とパフォーマンスでも出演する。

(26)　カルダン氏はパリのコンコルド広場のそばに、かつての迎賓館を改造した劇場――レストラン・スタジオ・ギャラリー・シネマスペース――「エスパス・ピエール・カルダン」を持っていて、前衛演劇や音楽、美術、舞踊などの公演をプロデュースしていた。彼の唯一の道楽とかで十七年前(一九七五年)のその頃で、確か年間一千万円の赤字が出ていたと聞く。

「鬼太鼓座は、か弱い若者が素手でエヴェレストに登って行くような、困難に立ち向かう人間の姿を感じさせて感動的である」との感想でヨーロッパやニューヨークに紹介してもらった。カルダン氏の片腕といわれる日本人マネージャー、高田美《よし》さんのご紹介がご縁だった。我々は経費節約のため、その劇場の地下で寝袋で泊まりこんで舞台をつとめた。

ジョルジュ・ムスタキ、アラン・ドロン、カトリーヌ・ドヌーブ、デヴィ・スカルノ夫人、『ウエスト・サイド物語』の振付家ジェローム・ロビンス、岸惠子、越路吹雪、アートディレクターの堀内誠一、北大路欣也さんらも見に来られた。先日亡くなったマレーネ・ディートリッヒの公演も行なわれたことのある、小振りだがモダンで華々しい劇場。

(27)　「鉄の雑草」という原題で、メリル・ストリープと落ちぶれた浮浪者を演じた。今はつつましく暮らしているかつての自分の家族に会いに行くシーンで、やっと手に入れた古着の背広を身につけ、驚く浮浪者仲間に言うセリフ。

その二十　道具を工夫する

一人で太鼓を打つ、という行為は、同じ太鼓とはいっても集団で打つものとはずいぶん性格が違います。

最近盛んになっている「組み太鼓」と言われる太鼓チームの奏法は、揃って打つのが基本になっていますから、できるだけ大人数のほうが迫力があり、太鼓も大きい方がエライ、とする風潮があります。いい悪いでは言えないことですが、一人で打つ僕のような人間には、正直なところこういう風潮には戸惑いがあります。

力強さは、確かに太鼓の大きな魅力ですし、それなくしては説得力のないものにもなりますが、質より量や強さなどの演出的な派手さだけを競うようになると、太鼓の深さや可能性を狭めてしまうことにもなりかねません。たとえ出発点がそういうものであったとしても、質の高い表現としての可能性は、そういう所からいちばん遠い所にあるのではないかと思います。

ソロをやるということは、いろんな意味でデザインの一種である、と強引に考えるようになったのは、これは恥ずかしながらかつて自分がグラフィック・デザイナーを志していたからです。個性を統一する揃い打ちに今は多少の抵抗を感じるのも、個性は生かすべきものだと思うデザイン的思考のせいでしょう。そういう意識が、僕のソロの支えでもあります。

一人で打つ太鼓は前例のないものだけに、あらゆることを自分でデザインしなければならず、その意味では可能性に満ちています。思想や主題に限らず、具体的な部分では曲作りも、打法も、練習方法も、太鼓の改良も、台やセッティングの工夫も、演出や舞台美術や衣装に至るまで創意工夫が必要です。目の前に見本になる何かが用意されているわけではなく、考えたものが評価を受ける保証もありませんが、それだからこそ面白いものでもあります。

例えば、今回は道具について書きますが、太鼓の台の改良も色々できることはあります。

締め太鼓――祭り囃子の小型の太鼓――は、床置きにする場合はバチを調べ緒に差し込んで置くのが昔からの方法（関東地方に多いやり方。古典邦楽ではテレンという台に浮かせる形で固定する）ですが、きつく締めるとバチが差し込みにくく折れる場合があります。ゆるいと音程が上がらず、足にしているバチもゆるんで、強打すると崩れてしまいます。それに、太鼓全般に言えますが、台に強く固定してしまうと、響きも余韻も少なくなってしまう――これを何とか解決しようということで、僕の場合は自分で図面を引いて鍛冶屋《かじや》さんに作ってもらったのが『モノクローム』などの現代曲にも使うことになった鉄製の太鼓台です。

英哲デザインの鉄製太鼓台。指揮者岩村力さんと。2007年ソロ活動25周年記念演奏会のリハーサルより

団扇太鼓の組み合わせも独自の工夫。2012年ソロパフォーマンス「光の門」より

今では、全国の太鼓チームが使うようになっていて、太鼓店で製品にまでなって売られているのには驚きました。事前に相談くらいあってもよかったと思わないでもありませんが、時既に遅しです。まあ、いいアイデアだと人が認めてくれたのだから、と思うことにしています。

太鼓に音程のある音色が欲しくて、それまで仏具としてしか使われていなかった団扇太鼓《うちわ》を使うことを思いつき、組み合わせて取り入れたのはもうずいぶん昔になります。団扇太鼓は、片手で持って打つものですから、そうやって使うのが一番良い音になるのですが、数種類の物を組み合わせて一度に打つことができません。これを響きを損ねないように何枚も台にセットする方法にも苦労しました。

着脱が容易で、角度も変えられるようにして、組立分解が可能で、しかも――これが難しいところですが――日本の太鼓にふさわしい姿でなければならない。往々にして、新しくて便利なものというのは、パーカッションやドラムの部品にはたくさんありますからそれを使えば楽なのですが、それでは面白くない、と思うのが、デザイナーになりそこねた僕なりのこだわりです。

最初は木製で、三枚の団扇太鼓をセットする台を作り（自作の『碧流一番』、『青天』、石井眞木作曲『入破』などの曲で使用）、それをさらに沢山の枚数が使えるように改良して九枚までの台にし（『千年の寡黙パートⅡ』、『輪』、『意が走る』、『三つ舞』、『五百夜』他で使用）、さらに、青山劇場のコンサート「響宴」のプロローグでは、ついに大小合わせて十七枚をセットするところまで行ってしまいました。

今では、外国人のパーカッショニストが一番興味を示し、欲しがるのがこの団扇太鼓です。

太鼓の鳴りをいかにして良くするかの実験も、大太鼓そのものを分解可能なものにしてみる、という無茶なことも太鼓屋さんの協力でやってみました（残念ながら不首尾におわったが、諦めたわけではない）。大太鼓が買えなかった頃は、ベニヤで作る方法を開発した故郷の太鼓好き仲間に手伝ってもらって自分で作ってみたりもしました。この太鼓は今も現役でレコーディングや狭い舞台で活躍してくれています。

桶胴の太鼓台も、今ではたくさんのチームが使うようになっていますが、これも今の形になるまでに色々試行錯誤をした結果です。

苦労もありますが、自分で工夫するのは楽しいし、そうやって出来上がったものが仕事の役に立ってくれるのは、とても気分のいいものです。我々が伝統と思っているものも、現代の車やコンピュータ等も、実はそうやって長い間にたくさんの人々の工夫が積み重なって出来たものだろうと思います。

人が工夫や表現をせずにいられない存在だと思うと、温かい気持ちになります。人間の取り柄と言えば、突き詰めればそれだけでしょう。もちろん人間は、とんでもない物も作るし、多くの過ちも犯してきたわけですが、考えること自体は罪ではありません。そういう試みの、万にひとつでも人に喜ばれ、役に立ち、広く新しい伝統になれば、これは充分素晴らしいことだと思います。

現在のように広く太鼓が受け入れられるようになったのは、音楽性や精神性、健康志向による運動性、肉体性への回帰、伝統的なものへの希求、地域活動に結びつく社会性など、多様な可能性に満ちた魅力を持っているからでしょう。新興の太鼓についてては、そのすべての面で、まだ成熟にはほど遠い発展途上の文化です。今の太鼓ブームが真に地に根付いた文化になるには、まだまだ多くの時間と人材、それにたくさんの創意工夫と努力が必要だと思います。

明日の太鼓打ちへ

〈明かりを落とし、じっと静寂を聞いてみる。静けさに耐えきれず、音をたてたくなるまで。その静寂が、密度を保ち、自在にその長さを支配できるようになるまで。〉

その二十一　聴衆論

以前、イギリスのリヴァプールで仕事をした時[28]に、一緒に演奏したイギリス人のミュージシャンにこう言われたことがあります。

「あなたの太鼓は、ソウ・ワンダフルである。とても大変そうに見えたが、あの打ち方は実際、本当に大変なのであるか？」

彼の言わんとしていることは、ステージ上の演技として大変そうに見せているのではないか？ということなのだと、すぐ理解できました。

まあ、そう見えても不思議はないのでしょうが、こんな風に聞かれたのは初めてだったので結構、笑えました。

しかし、後でよく考えてみると、これはかなり芸能の本質に迫る質問だったわけです。

我々が人前で何かを「見せる」という行為は、見せている、という状況がすでに何らかの演技になっているわけで、そこには意識的にしろ無意識的にしろ、程度の差はあっても誇張や作為が混じるものです。

無遠慮に振る舞っているように見える子供だって、大人の前であどけない子供を演じるのです。犬だって飼い主の御機嫌を窺って行動します。

いわんや、芸能においてをや、です。

我々は、もし、人が悲惨な死に方をするところをニュースで見ても、それが他人の死であれば、一分後の別のニュースにすぐ気持ちが向かいます。

いかにリアルな現実そのものを見せつけられても、それで、すぐ心が動くとは限らないのが人間です。人に「見せる」ための表現や、他人に感動を与えようとする行為には、現実以上の「現実」を再構築する操作が含まれていて、そこにドラマが生まれます。

プロフェッショナルの技とはそういう種類のものです。それをわかった上で、人々は感動するのでしょう。

僕が太鼓を打つ時、死ぬほど苦しいかといわれれば、確かに楽ではないが実際に死んでしまうわけではありません。ですが、実は楽々なのに顔で苦しがっているだけ、でも勿論ないのです。イギリス人の目には、本当に苦しいことなら毎日そんなことをやっているはずがない、と映ったのだとしたら、演技に対する東洋と西洋の感じ方の違いがあるのかもしれません。

プロレスが、真剣勝負ではないから、という理由で嫌う人もいます。それはそれで納得できますが、じゃあ、例えば、役者が死ぬ役を演じる時に、毎日本当に死なないからと言って怒る人はいないはずで、今死んだ役者が、カーテンコールでにっこり再登場すれば、死ぬ演技に感動したぶんだけ我々は盛大に拍手を送るものなのです（そして、今の演技が虚構である現実にがっかりもするのですが）。

プロレスの選手が、あれほどの迫力のある格闘を毎日「見せる」ことができるのは、彼らがプロとしての、実に用心深い格闘をしているからで、それが、仕事である以上、一回ごとに本当の喧嘩のようにやりあっても意味がありません。

本当にやり合うのがプロだ、という前田日明《あきら》のような意見も、それはそれでわかりますが、彼にしても、そういう「前田」を理想像にしてなりきろうとする部分があるはずです。

演技をしているようでしていない、してないようでしている、虚実の隙間に実際どれだけの幅があるのかわかりませんが、そこを往きつ戻りつするのが、「見せる」ことを生業《なりわい》とする者の常です。

その薄い皮膜の間に「芸」の秘密がある、と近松門左衛門は言ったわけです。

まあ、太鼓とプロレスと演劇とを、そうやって一括りにして論じるのは、無茶苦茶かもしれませんが、人間の行為とは、実際、そうしたものだろうと思うのです。


我々はそれを誰に一番見てもらいたいのか。


田氏の情念を反映させた鬼太鼓座の太鼓は、初めから外国に持っていくことを目標にしていました。

フジヤマ、ゲイシャのイメージで見られていた日本の芸能の認識を覆したい、白人に目にもの見せてやりたい、という強烈な意志が、独特の厳しい様式を持った太鼓にしたのです。大戦中に少年時代を送った世代の、ある意味では屈折した感情だったと思います。そういう感情は又、多くの日本人の心の中にもあるものだったのでしょう。

僕の世代では、もう、そういう切実さはありませんでした。

ですが、色に染まっていなかった素人の若者に、その情念は刷りこまれ、見ている人にただならぬ感情を呼び起こす太鼓になったのです。

思わぬところで、反響を呼ぶ時もありました。

ずいぶん昔になりますが、関西のある高校でやった時のことです。

その学校は、社会の差別や貧困に屈折した手に負えない子供たちが、放校の果てに、最後に集まるといわれていた高校で、実際、演奏中はまともに聞いてくれるかどうかという雰囲気で、最前列の生徒は椅子にふんぞり返って舞台の上まで足を投げだして、隣と話すのをやめず、意地でもこちらを見ないぞ、と思っている態度でした。

見ていた先生方も、いつ、舞台の上と下で喧嘩を始めるかと気が気でなかったようでしたが、何事もなく終わり、こちらもほっとしたのですが、幕が下りたその時、生徒会長の男子が肩を怒らせるように舞台に上がって来て、予定外のスピーチを始めました。

「おう、みんな、今日はなア、良かったなア。わいら、今度、卒業してみんな社会に出て大変やけどなア、今日の太鼓聞いたからなア、がんばろうやないか」

まさかの言葉で、彼らが突っ張った態度を崩さない中で、そういう風に聞いていてくれていたとは思いもしませんでした。

その夜、打ち上げの席で、自身も生徒と同じような境遇の中から教師になったというN先生が、

「うちの生徒の前では、教師はきれいごとではすまされん。本音でぶつかるしかないんや。あんたらも、佐渡まで行ってこんなことしようゆうのは、よっぽどのことがあったんやろ。ゆうてみ

いや」

若き日に失恋して、死に場所をさがして能登まで行った時、眺めた佐渡が忘れられぬ、「あんな寂しいとこまで行ったんや、なんかあったはずや」というこの先生の前で、僕は何も言う言葉がありませんでした。

「生きていて良かった。死んでいった戦友たちに、この太鼓を見せてやりたい」

と、公演のアンケートに書いていった初老の男性もいました。

こういう抜き差しならぬ思いで聞いてくれる人たちがいようとは、思いもしませんでした。当時の僕は、人生の辛さも、太鼓に思いをぶつけなければならないほどの切実な生活の事情もなく、ひょんなことからこの道に、という程度の人間なのに、当時の我々がやっていたことは、それとはまったく別の共振を起こしていたのです。

それが、田氏の情念のせいか、太鼓というものの持つ力なのか、あるいは近松の言うところの、虚実の狭間の朧《おぼろ》な「芸」というもののなせる業なのか、しかとはわかりません。

今でも僕の太鼓を聞いて、泣いてしまう、と言ってくださる人が多いのも、打っている自分には予想もできなかったことです。

そういう反応を呼ぼうと思って打っているわけではないのです。

演奏中に、何が自分の中でおこるのか、僕の中の何が、聞いている人に伝わっているのか、やればやるほど自分では測ることができません。

「見られてなんぼ」と、自分では気楽に言いますが、そういうことで片づかないものがあるのは、実は何とはなく、自分にはわかっていますが、それが一体何なのか、二十年続けてきても、未だに姿すら見えません。

ですが、もしかしたら、そういう思いで見てくれている人々の気持ちが、僕の太鼓を鳴らしているのか、と思う時もあるのです。

打たねば黙し、打てば鳴り響く。
強く打てば強く、弱く打てば弱く、嬉しければ明るく、昂《たかぶ》れば激しく、祈れば深く。
太鼓は、人の思いを鏡のように映し出します。
打ち手の思いだけではなく、多くの人の思いも、繰り返す周波になって後押しをしている、そんな気がする時があります。

太鼓に限らず、芸能も、プロレスも、あまたの虚構の表現が、虚構を乗り越えた「真実」になる瞬間は、そういう時なのかもしれません。

さて、色々と書いてきましたが、このへんでひと区切りします。この無駄書きが、この先、終わることのない表現のための試行錯誤の手掛かりになれば、幸いです。健闘を祈ります。では。

(28) 一九八四年六月、リヴァプールで開催された「世界庭園博覧会」のジャパンウィークに出演した。三木敏悟作曲、指揮による「マンダラ」をイギリスのミュージシャン、高田みどり、伊藤多喜雄さんらと演奏。

Ⅱ 太鼓談

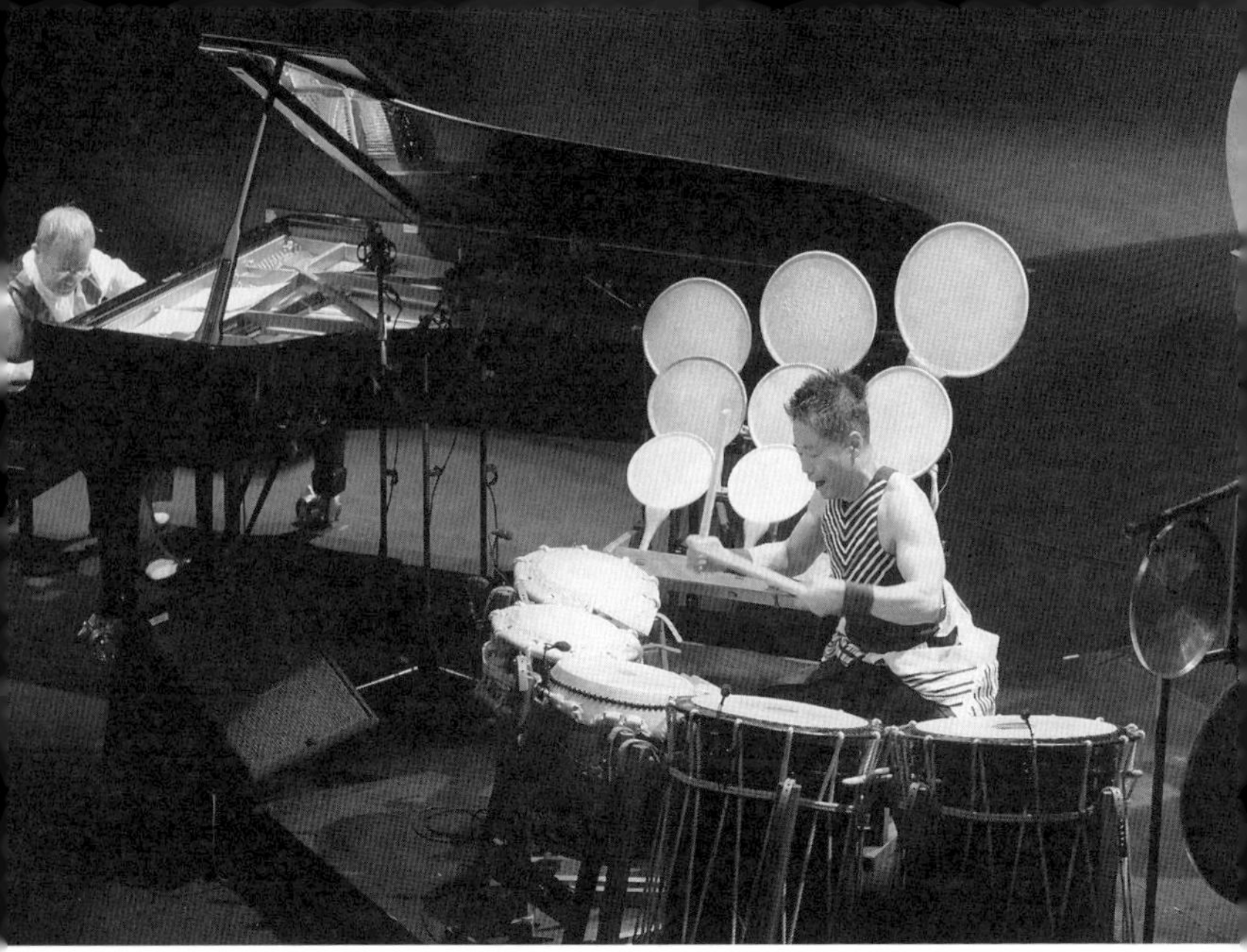

ジャズピアニスト
山下洋輔さんと語る

ぼくらがこうして出会うまで

2017・7

教則本とスティックをまず買いにいく

山下　英哲さんと共演する意義というのは、ぼくは方々で言ったり書いたりしているけど、やはり「最強の共演者」なんですよ。あの太鼓にうちのめされて、ぼくは体を洗われる。細胞がぜんぶ、生き返ります。それが、快感なんです。

林　最初が一九八五年、それから国内外で数えきれない共演をさせてもらって。

山下　あの音を浴びないと、禁断症状が出ちゃう（笑）。他ではできない音楽体験です。四日前にも共演しましたよね。

林　はい、山下さんと、サックスの坂田（明）さんとぼくのトリオで、石川県の「白山国際太鼓エクスタジア2017」。「太鼓の里・白山市」の夏の風物詩になりましたね。

山下　あの時、舞台の袖で坂田に言ったんです。「この角度から英哲の大太鼓を見られるのは、おれたちだけなんだよ」って。ぼくは、ピアノを弾きながらでも見られる。英哲さんの二つの腕が、寸分違わず同じ軌道を描きながら太鼓を打つのをね。それはそれは、きれいなんだ。あれをどうして客席の人は見られないのだろうって、思ってしまう。共演者の特権です。

林　いえいえ、そんなふうに言われると（笑）。

山下　今度、横から撮影して、映像で見せるといいですよ（笑）。そもそも大太鼓をひとりで客席に背をむけて正面打ちする、というあのスタイルは、英哲さんが最初に始めたんですか？

林　実際に形にしたのはぼくですが、あのような演出プランは、田耕《でんたがやす》さんです。彼がイメージしたものをぼくが演じられる形にしたという関係性で、彼がプロデューサーであり、ぼくがプレイヤーだった。

山下　田さんは、佐渡の「鬼太鼓座《おんでこざ》」の主宰者ですね。あの和太鼓集団の始まりは、どういうメンバーが集まっていたんですか？　太鼓の経験者が集められたの？

林　いや、違うんです。鬼太鼓座は民俗芸能集団のように思われていますが、立ち上げのメンバーには誰ひとり、和太鼓を打てる者はいませんでした。

一九七〇年の夏に「おんでこ座夏期学校」というイベントが佐渡島であり、美大受験に失敗したぼくはそこに参加したんです。田耕さんは五〇年代に学生運動をやっていた人で、この催し自体が青年運動のハシリのようなものだった。一週間お寺や神社で、民俗学者の宮本常一先生や永六輔さんの講義を聞いたり、地域の郷土芸能を見たり。ぼくは講師の横尾忠則さんに会いたくて行ったんですが、結局会えなくて。最終日に田さんの口から「佐渡に職人塾のような大学を七年後に創る」という構想が明かされて、そのために日本の芸能を世界中で公演して、大学設立の資金を集めようと。それに賛同した六名の若者が創設メンバーなんです。ぼくはまったく関心がなくて東京に帰ったのですが、翌年、グループの機関紙制作のために呼ばれまして。たまたまドラムができたこともあって、「エイテツ、このままここに残れ。美大よりも、もっと面白い世界を見せてやるぞ」と強引に口説かれ、ぼくはそのエサにひっかかった雑魚《ざこ》のようなもので。

山下　雑魚だなんて、まさか（笑）。でも、ドラムができたって、いわゆるあのドラムセット？

林　そうです。ぼくの場合はジャズじゃなくて、ビートルズとベンチャーズでしたが。

山下　えー、知らなかった！　初めて聞きました。英哲さんは生粋の和太鼓男だと、ずっと思ってましたよ（笑）。

林　ぼくとしても、和太鼓ひと筋でここまでやってきたストイックな男、というイメージを裏切らないように四苦八苦しながらここまで来ました（笑）。

山下　一方で、美術方面を志してたんでしょ？　不思議な少年だったんだね。

林　そうかもしれません。ドラム的なものへの憧れは小さい頃からありました。ぼくは寺の子なので、家の中でドンシャンするものを始終聴いていましたから。子供の時は、鐘や鐃鈸《にょうはち》というジャラーン、ジャラーンと鳴るシンバルのようなもので遊んでいました。ですから、ドラムに進む因子は環境的に充分そろっていた（笑）。それにぼくは八人兄弟の末っ子で、一番上とは十九離れていますからね、アニキたちが聴いている映画音楽やアメリカのポップス、戦前の広沢虎造の浪曲やら軍歌やら家にあった古いレコードも自然に耳に入ってきました。加えて、住職の親父の毎朝のお勤め。〝着物を着て儀式をやる仕事〟というのがすぐ身近にあって、ぼくは小学五年生から小僧さんをやり、お盆やお彼岸には親父と一緒に檀家の棚経《たなぎょう》をしてお布施をもらっていた。小遣い稼ぎですね。それを貯めて、高校の時にドラムセットを買ったんです。

山下　いやあ、凄まじい文化の広さだ。その全てが英哲さんに影響を与えていますよ。

林　最初のきっかけは、中学一年の時に、ビートルズの『シー・ラヴズ・ユー』のイントロのドラムに衝撃を受けて。「ドドンコドーン」って、それだけでいきなり歌が始まるのがものすごくカッコ良くて、そればっかり聴いてました。当時の日本はエレキバンド・ブームでベンチャーズも猛烈に流行っていた。そんなある日、同級生のタカちゃんが学校にエレキギターを持ってきたんです。牛乳配達でお金を貯めて買ったらしい。で、「バンドやろう」と（笑）。おれがドラム、タカちゃんリードギター、テッちゃんがサイドギター、トンペーがベース。

山下　めでたくバンド誕生ですね。

林　ええ。でもまだドラムセットはなくって、教えてくれる人もいない。まず、教則本とスティックを町のレコード屋で買いました。それで段ボール叩きながら譜面を見て、「こっちの手でこれ打って、こっちでこうやるんだ」とやり方を解析したんです。テレビでドラムのシーンが映ると、足はどうやってるのかと考えながら見たりして。完全に独学でした。

山下　読譜能力があったんだ。ぼくの兄キよりエラい（笑）。兄は耳コピ（耳コピー）で大学生バンドをやってぼくにジャズを教えてくれた。兄も同じで、初めに買ったのはスティック。そこから、スネア、ハイハットと段々に買いそろえていった。

林　そして、足。ペダル類が揃わないと、なかなかリズムが刻めないんです。

山下　そうそう、バスドラ（バスドラム）が必要になって、結局ドラムセットを買わなきゃならなくなる（笑）。

林　高校進学で皆と別れてしまったんですが、セットはどうしても欲しくて、パールの一番安いものを買って、自宅の本堂の片隅でレコードに合わせて練習してました。その頃からグループサウンズが流行り始めて、聞き慣れないリズムが出てきた。今にして思えば、16ビートですよね、それを耳コピでなんとか探り探りして。

山下　それまではベンチャーズだから、8ビートで済んでたんだね。

林　そのとおりです。ドンチャッドドンチャッ……、でよかった。

山下　なーんだ、英哲さん。そういうのも十代の頃に全部通過していたんだね。

佐渡島から一気に海外へ

林　で、一九七〇年に美大受験に失敗しまして。上京して予備校に入った夏に、さっき言いました佐渡島のイベントに参加して、人生が変わったんです。

山下　ぼくが初めて佐渡の太鼓集団のことを聞いたのは、「ボストンマラソンでゴールまで走ってそのまんま太鼓のところに行って叩きまくる凄い日本人の連中がいるんだってさ」、という噂でした。ジャズ界まで響いてきましたよ。

林　その作戦は田耕さんのアイデアでした。「マラソンドラマー」として海外に打って出る、という。実際、ぼくらは一九七五年四月のボストンマラソンで、初めて海外に行きました。それまでは寄付金集めと練習とマラソンの合宿生活、外部の取材もいっさい受けないという方針で、佐渡島にこもって社会と断絶した生活をしていました。

山下　なるほど、海外から逆輸入で評判を呼ぼうという作戦ですね。

林　そうです。彼は最初から、「太鼓でカーネギーホールに出る。ビートルズのように世界中で稼ぐ」と海外での成功を宣言してまして。太鼓なんてその当時、国内でも舞台で演じるものではありませんでしたから。「なんで太鼓の演奏なんかをお金を払ってまで見るの?」という時代でしたね、今から四十何年前は。

山下　でも皆、和太鼓初心者だったんでしょ。どうやって田さんは太鼓の「タの字」を皆に教え込んだのかな?

林　指導者をその都度、佐渡に呼んだんです。驚いたことに、田さん自身も太鼓は打てなかった。ただ、少年時代に阪東妻三郎主演映画の『無法松の一生』を観て衝撃を受けた。父親のいなかった彼は、無法松のような「無口で、気は優しくて力持ち」の男が太鼓を打ちの理想像になったんでしょう。だから、日本の芸能がフジヤマ・ゲイシャ的な、衣装を取っ替え引っ替えするような軟弱なものと思われてるのを激しく嫌い、「〝世界最強のドラマー〟を見せる、日本人の魂を見せる」ということにこだわったんですね。

最初の先生は、「虫送り太鼓」を打つ福井県のおじいさんです。疫病などを村の外に追い出す行事で、ドンドコ、ドンドコ、スットン、スットン、スットントン、あ〜どっこい、あ〜どっこい、と太鼓を担いで歩きながら打つスタイル。完全に、打ち手の即興です。

山下　一種の郷土芸能ですね。

林　そうです。でも、メソッドはありませんから、おじいさんが即興実演して、「はい、みんな同じようにやりなさい」。でも、音楽経験のまったくない二十代にそういわれてもねえ(笑)。ぼくはドラムの覚えがあったから、「この子はスジがいい」とだんだん中核にさせられて。同時に、オーソドックスな伝統芸はやっぱり上方《かみがた》の先生に習ったほうがいいという方針で、歌舞伎囃子は京都の藤舎呂悦先生、横笛は藤舎推峰(現、名生)先生……。

山下　正統派の先生方をとにかく集めて生徒に見せる、という教え方だ。

林　そうなんです。お琴、尺八、長唄三味線、津軽三味線、日本舞踊やバレエなど、二〜三年教わりました。それぞれの先生が、三ヵ月から半年に一回ほど佐渡にいらして。

山下　先生のいない日は自己練習ですか？

林　そうです。毎朝ランニングをして、教えてもらったフレーズを午前中自分たちだけで稽古する。午後は田耕さんのお説教の時間があったりして、けっこう訓示を叩き込まれるわけです。毛沢東語録なんか全員で読まされたり……。

山下　うわっ（笑）。

林　司馬遼太郎さんの小説や、チャップリンの自伝も丸ごと読まされましたね。他にも、刊行されたばかりの『ニジンスキーの手記』も読まされました。

山下　バレエの踊り手ですね。

林　ええ、バレエの改革者です。ですから、田耕さんという人は、芸能的な訓練を何も受けていなかったにもかかわらず相当な審美眼をもっていた人物だともいえる。ある意味、ニジンスキーにとってのディアギレフだったのかもしれません。当時、ぼくらの合宿所に蔵書はかなりあって、山下さんのエッセイ『風雲ジャズ帖』もその中にあったんです。

山下　え、本当？　ぼくの初めての単行本だ。誰が持ち込んだんだろう。

林　集まったメンバーが皆それぞれ自分の蔵書を持ってきていましたから、多分、河内（敏夫・のちの「鼓童」代表）じゃないかな。彼は、小学生の時からＳＬに乗ってひとり旅をするような少年で、早稲田学院から早稲田大学に入って中退してきた秀才でしたから。ジャズ好きだったし。

山下　ああ、河内さん、通称「ハンチョウ」ですね。ぼくも、その後の「鼓童」との共演でお世話になりました。とても気持ちの良い方でした。皆に慕われて。

林　ええ。彼はね、本当に清廉潔白というか、私利私欲のない男でした。彼の蔵書ばかりでなく、合宿所には雑誌の『話の特集』や『人民中国』も定期的に送られてきてまして、後者はともかくとして(笑)、本が時代や外界との唯一の接点でもあったんです。テレビも新聞もラジオも、いっさい十一年間禁じられて。ですから、山下さんの本も隅から隅まで読んだんです。

山下　あの本のきっかけになったぼくの論文「ブルー・ノート研究」(一九六九年)は、いっとき病気をしてプレイから離れていた時に、日本の伝統音楽に関する小泉文夫先生の本をひと通り読んだことが始まりなんです。「夫々の民族の持つ音の成り立ち方」を考えた初めての体験でもあって、もちろんジャズの成り立ちにも応用できました。西洋音楽が世界中に広まっていく過程で、その国の伝統の節とぶつかって何かが起きる。それを、「ブルー・ノート現象」として理論化を試みたんです。

林　そういう本に、七〇年代半ば、ぼくは出会っていたんですね。そして海外に出て、田耕アイデアが功を奏して、ボストンマラソンのゴールに指揮者の小澤征爾さんが見に来て面白がってくれて。それで、翌年のタングルウッド音楽祭で小澤さん指揮のボストンシンフォニーと共演するところまでつながって行ったんです。

山下　小澤さんは、さすがの眼力だなあ！　ひと目見て、音楽家として何か新しいことができる、これは世界に見せられる、と直感したんですね。

もう腹をくくらなければいけない

林　その当時のぼくらには、ひと公演できるほどのレパートリーがありませんでした。演奏できたのは、ぼくが作った『屋台囃子』と『大太鼓』くらい。そこで、「オーケストラと演奏できる曲を誰かに書いてもらえば、共演できるね」となり、小澤さんが作曲家の石井眞木さんに頼んでくれて、七六年に『モノクローム』という新曲が生まれたんです。

山下　その曲は、ぼくも縁があります。のちに鼓童と初共演した時に一緒に演奏しました。一九八四年だから、英哲さんはすでにグループを抜けた後だけど、出だしのピアニシモからの細かな連打が、じつに印象的な名曲です。テケテケテケテケ……という見事な技巧。あれは、英哲さんのアイデアじゃない？

林　もともと『屋台囃子』でぼくがやってたピアニシモの打ち方を、石井さんが曲の出だしに取り入れてくださったんです。ただ、石井さんは打楽器奏者ではありませんから、イメージで譜面上に音符を書いているところもあるわけで、「こんな感じで英哲さん、できる?」と。ぼくも「こうですか？　これならできます」と相互にやりとりし合いました。初演の頃は、バチも台も『屋台囃子』と同じものを使ってましたが、なんか違う気がしてもっと工夫したくなった。それで、東京へ出たついでに池袋と渋谷のヤマハ楽器店を回って、いろんなスティックを買って全部で音を試したんです。でも、どうも違う。和太鼓なのでドラムスティックをそのまま使うわけにもいかなかったので、結局、自分でこしらえました。

山下　ドラムスティックをバチにしたなんて、一体どうやったの？

林　一番太いスティックのチップを切り落とし、さらに全体を手で削って先を細くしました。それが最初のモデルです。そうすると、あの出だしのピアニシモの連打が可能になって、太鼓の台もぼくがデザインして、スティール製のものを創作しました。これで響きがずっと良くなった。石井さんの楽譜は七五年のうちに最初は「太鼓ヴァージョン」で仕上がってきて、その翌年の三月に上野の東京文化会館で初演、その後すぐにオケ版『モノプリズム』の譜面が届き、七月に小澤さんの指揮でボストンで演奏したんです。

山下　怒濤の七五、七六年ですね。

林　はい。当時はまさか、初対面の小澤征爾さんと一年後には世界の音楽祭で共演するなんて、夢にも思っていませんでした。石井眞木さんも、「英哲さんがいたからできたんですよ」といってくださって、ほんとうに有り難かった。

山下　それにしても田さんは喜んだでしょうね、彼にしてみれば「ざまあ見ろ」ぐらいの感覚はあったんじゃないかな。世界の音楽の権威たちがおれたちにひざまずいた、とでもいうような。

林　そうです。まさしく、そういうことです。既成の権威や白人社会を見返したい、というのが彼の原動力でしたから。

山下　でも、根はうれしいんですよ（笑）。

林　そりゃあもう、「やった、やった」ですよ。「それ、見たことか」と（笑）。同時にぼくとしては、相当なプレッシャーでした。あの小澤征爾さんとの世界初演ということで、本番で自分がコケたら小澤さんのキャリアにも泥を塗ってしまう、と。実際、ボストンシンフォニーの楽団員自体が喜んで迎えた共演ではなく、現場の空気はかなり硬かった。オーケストラのマネジャーにいたっては「邪魔だから、太鼓はあっちに置いて」とあからさまでしたしね（笑）。素人同然の日本人が太鼓を打つ。音はうるさいわ、何がいいのかわからないわ、という状況です。まあ、現代曲ですからね、本番をやってみないことにはわからないという理解はあったでしょうが、「日本人の音楽監督なんかにするからこんな面倒くさい曲をやる羽目になって」というような空気がありました。小澤さんも四十歳で、ボストンシンフォニーの音楽監督に就任してから一年目か二年目ぐらいでしたし。

山下　わかります。そういえば、以前教えてくれましたね、リハーサルで楽団員が楽器を床に置いて、両耳をふさいだって。

林　そうです、全員が（笑）。ところが、リハーサルの時に小澤さんが（レナード・）バーンスタインさんを最前列の席に呼んでくれていて、彼が大喜びしてくれたんです。そこから空気が少しずつ変わっていきました。

山下　さすがは指揮者だ。やることが先を見越してるねえ。

林　バーンスタインさんは本番も聴きに来てくれて、しかも何千人の聴衆が総立ちになってのスタンディングオベーションが起きた。それですっかり評価が変わりました。本番が良ければ状況がゴロッと変わるという経験でした。振り返れば、あの経験がなければ「太鼓で演奏業」ということ自体、ぼくは考えなかったと思っています。それは本番が成功したからではなく、本番にいたる前に、自分で決断をしたんです。

山下　その頃にまだ、迷っていたの？　まさか、美術方面に戻ろう、とか？

林　じつはそうなんです。一生太鼓打ちを続けるつもりはなかったので、「一体おれはいつ辞めればいいんだろう？」と思ってました。でも、グレイハウンドの大陸横断バスでボストンに向かっている途中で、むりやり決断しました。長距離バスって、アメリカ社会の底辺そのもので、黒人、ヒスパニック系や老人ばかり。この人たちには大きなチャンスはないかもしれないけど、ぼくには世界の音楽家が憧れるボストンのヒノキ舞台へのキップがある、なんて恵まれてるんだ、と。いつまでも素人だと言いわけしてるなんて、それはまったく卑怯な態度じゃないか。これはもう腹をくくらなきゃしょうがないな、と。

山下　なるほどねえ。

林　たとえれば、鉄道のレールのポイント切り替えを自分でしたようなものでした。ガッチャーンと美術から太鼓へね。はっきりとその音が耳に聞こえました。そのバスでニューヨークを経由してボストンに行ったのですが、それまで自分のシンボルとして五年間伸ばしていた長髪を、音楽祭のあるタングルウッドに着いてから一気に切ったんです。

山下　いやあ、すごいね。同時に、小澤征爾さんのセンスにもあらためて感心しました。一瞬の閃きであなたたちとボストンでやろう、と大きな決断をした。その時点で成功を確信してるんです。指揮者というのはオケの最高権力者ですから、団員が何をブツブツ言おうと、「私の言う通りにやりなさい」と言える。やらなきゃ、その団員はクビの可能性もある（笑）。そして最終的には団員たちは最高の演奏をすることを知っているんですね。ぼくはさっき、田さんに対してちょっぴりひねくれた見方をしたけれど、それぞれの覚悟がその時一堂に会したことは間違いありませんね。その後、どんな場所でもどんな相手とでも共演できる自信につながったのも確かなことでしょう。

わからないからぜんぶやろう

山下　ぼくが和太鼓集団と初共演できたのは、一九八四年の岐阜市文化センターでしたが、英哲さんはすでにグループを離れてソロ活動を始めていたんですよね。

林　はい。八〇年の春にぼくらはついに田さんと決別し、翌年の秋に「鼓童」というグループ名で活動を再開しましたが、八二年の一月を最後にぼくはグループを離れ、ソロの演奏者になったんです。

山下　一方、ぼくが鼓童と共演したのは、一座の梅沢（現、藤本）容子さんがきっかけでした。ぼくのバンドが佐渡島で演奏した時に楽屋まで来てくれて、そこから交流が始まった。うれしかったですよ、ようやく鼓童の人に会えたと思って。打ち合わせに一座の本拠地まで合宿に行きましたよ。早朝から鼓童のメンバーは走り出すから、「おれも走んなきゃいけねえのかな」と布団の中で悩んだことを覚えています（笑）。

林　じつは、ぼくらが「鬼太鼓座」を名乗った最後の年の八〇年夏に、山下さんのトリオと宮崎県のジャズフェスティバルで遭遇しているんです。「宮崎フェニックスJazz Inn」です。山下さんのトリオはドラムが小山彰太さんで、ぼくは舞台袖から彰太さん越しに、山下さんの演奏を目の当たりにしました。フリージャズというものを観たのも聞いたのも初めてで、山下さんの目も完全に飛んでて凄まじい迫力で、「なんじゃ、こりゃ！」と。目に焼きついたその光景が、後年ソロ活動を始めてからも何度も蘇りましたね。

当時、和太鼓のソロ演奏といっても手本はなく、ぼく自身どうやっていいのか皆目わからなかった。だから来る仕事はぜんぶやろう、縛りは何もないんだからできることは何でもやってみようと、手がかりはそれだけでした。それともう一つには、美術をやってた感覚がずっとあったんですね。要するに何かを一人でやることに慣れていたといいますか、絵描きであればそれは当たり前で、しかも、世に知られぬまま一生を終える人が圧倒的なわけで、そういう人生だと思えばいい。手段として太鼓は使っているけれど、ジャズであろうが、クラシックであろうが、ロックであろうが、アバンギャルドであろうが、舞踏であろうが構わない。僕なりの表現であればいいわけで、カテゴリーの違和感はありませんでした。ですからどんな仕事も拒まずにできたのかもしれません。

山下　英哲さんらしいですね。実際、グループを離れて最初の舞台は?

林　ロック系といえばいいかな(笑)。ひとりになった八二年の五月に、渋谷のジァン・ジァンで初めてライブというものをやったんです。ダウン・タウン・ブギウギ・バンドでキーボードを弾いていた千野秀一さんが、「何か一緒にやらない?」って声をかけてくれて。彼もフリーになっていたから、じゃあふたりでやってみよう、と。「何をやればいいの?」とぼくが訊くと、「いや、好きにやればいいんだから」って千野が(笑)。

山下　これぞ、ジャズマン精神だ(笑)。

林　ソロになったんだから今までとは違う表現を目指さなきゃいけない、という自覚はあったんですね。太鼓も締め太鼓二つと桶胴太鼓を一つぐらいしか持っていなかったんで、結局、ステンレスボウルなど台所で使う音が出るようなものやガラス瓶を夜店みたいにズラズラと並べて、それをぐしゃぐしゃ叩くという……。

山下　打楽器奏者の本能として、それは正しい行為です。あるものは全部叩くという（笑）。

林　そこに千野さんのシンセサイザーがガーッと入る完全な即興で、正直いって、途方に暮れました。練習しないものをいきなり人前で好きにやるっていうことの難しさを味わったんです。途中から、表現の持ち駒がなくなってどうやっていいかわからなくなった。どこかに遊びを入れることもできずに、とにかく手を動かし続けました。それも和太鼓奏法でしたから、途中でガス欠になって体力的にもきつかった。その時も、宮崎での山下さんと小山彰太さんを思い出しましたね、よくあんなことが延々とできるなと。

山下　それが始まりでしたか。ぼくと英哲さんの初共演は、八五年十月でしたね。

林　はい。「ギャラリー上田・ウエアハウス」で「和太鼓 vs ジャズピアノ」のデュオコンサートです。

山下　打ち合わせしたよね、事前に「お互いにどうやりましょうか」みたいな話を。

林　しましたね。で、「英哲さん、好きにやってもらえばいいですから」っていわれて。ぼくは自分の曲『三つ舞』を差し出して、山下さんは『ボレロ』で。そして、ふたりで演奏場所にちなんだ『エイタイ・ブリッジ』という曲をつくりました。

山下　モンクの『ラウンド・アバウト・ミッドナイト』もふたりでやりましたよね。ぼくはそもそも打楽器奏者が大好きでして、しかも英哲さんは一人で世界を作ってきた人だと知っていましたから、共演するのはすごく光栄だと思っていました。

林　ぼくはもう、アノ「山下洋輔」さんですから、どう太刀打ちできるかまったくわからなかったです。

山下　こちらはもうやる前から、太刀打ちなんてできないと思っていましたよ、だってあの音のでかさと迫力ではハナからもう無理だもの（笑）。

林　いえいえ（笑）。で、曲が始まっちゃうと夢中になっていっぱいいっぱいで、「ボレロ」のエンディングをぼくはうまくできなかった。それで「山下さん、すみません、間違いました」と終演後に謝った。すると、「いやいや、間違いというものはありません。今日はああやりたかったんだと思えばいいんですから」といってくださって……ああ、何ということだろうと心底救われました。忘れられません。

山下　自分を救うために、いつも自分自身にそう言い聞かせてるんですよ。思うようにいかなかったというのは、何かそれだけ別の新しいものが生まれたんだ、と考えるんです。思い通りにいかなかったことをマイナスに捉えないだけです。

林　とにかく目を開かされました。その後何十年と、ぼくはあの山下さんの名言に支えられています。

山下　英哲さんとはその後、アフリカから南米からヨーロッパから、ありとあらゆる国内外のプロジェクトを一緒にやってきたけれど、会うたびに新鮮な気持ちになれるから不思議です。最初にもいいましたが、最強の共演者です。

林　ぼくにとって山下さんは、やはり驚異です。自由に演奏することと聴き手を喜ばせることを、これほど見事に両立させられる方はいません。やっぱり演奏というのはある種のエンタテインメントですからね、独りよがりでは成り立たない。ぼくは共演者でありながら山下さんの聴き手の一人でもある。そこで得られるカタルシスは他にはどこにもありません。一度、山下さんの奏法を味わってしまうとちょっとやそっとの体験では満足できなくなってしまう。次回もどうぞ、よろしくお願いします。

山下　もちろんです。大いにやりましょう。

山下洋輔（やました・ようすけ）
1942（昭和17）年東京都生まれ。ジャズピアニスト、エッセイスト、国立音楽大学招聘教授。著書に、『ドバラダ門』、『ピアノ弾き即興人生』、『即興ラプソディ』、『猫返し神社』、『ドファラ門』、『ジャズの証言』（共著）など多数。

加賀浅野家

浅野昭利さんに聞く

太鼓作りの証言

1992・7

原木から自前で調達する

「まさかこういう時代が来るとは、思わんかったがあ……」

石川県松任市（現、白山市）、株式会社浅野太鼓楽器店の専務、浅野昭利《あきとし》さんの、しみじみとした言葉である。

こういう時代、というのは世を挙げての太鼓ブームのことだ。

祭りや盆踊り、神楽の囃子として主に古い民俗行事の中で使われてきた太鼓が、次第に分化し、それ自体が独立した芸能として盛んに行なわれるようになってきて二十年（一九九二年当時）ほどになる。ブームと言われるようになってからも既に久しいが、その勢いは近年、ますます盛んになってきた。

大人数での演奏を主体とした、新郷土芸能ともいうべき太鼓の団体は、「正確にはわからんが、全国で三千以上もある」そうで、個人的にやっているものを加えると、どのくらいになるか見当もつかないという。

「いやあ、神武以来、日本人がこんなにタイコ、タイコゆうた時代はなかったやろ」

嬉しくて、笑いが止まらないかと思いきや、真顔の浅野さんは伝統の職人さんらしい言い方で、嬉しいような戸惑ったような溜め息をついた。

経営者としては盛んになるのはめでたいことだが、需要に応えなければならない技術者の立場としては、喜んでばかりもいられないさまざまな問題もあるようだ。


私が太鼓打ちとして初舞台を踏んだのがちょうど二十年前（一九九二年当時）。

実際のところ、当時は「太鼓打ち」が仕事として成立するとは思ってもみなかったので、冒頭の浅野さんの言葉は、同時に私の感慨でもある。よくここまで歩んで来たなというのが実感だ。

浅野さんとはその頃からのお付き合いで、時代の移り変わりの中を共に歩んできたわけだが、意外に太鼓作りの話を聞く機会がなかった。今回は、専務さんにこれまで聞く機会の少なかった太鼓作りのこと等を、色々と伺ってみることにした。

「うちは慶長十四年、一六〇九年の創業やから約四百年になるが。初代は、姫路から来た佐エ門五郎という人で、前田家の殿様が加賀藩を受領する時に、お抱えの武具、馬具職として播州から一緒にきたわけや。武具、馬具ちゅうのは鎧、具足や馬の鞍などの皮工芸で、太鼓もそん中でやったわけ。昔は太鼓だけちゅうことはないから。

この辺りが当時、浅野村という名で、それで浅野の姓になって。兄貴で十七代目になる」

十七代目当主、兄で社長の浅野義幸さんは昭和十九年生まれ。大太鼓をくりぬく技術では並ぶもののない職人肌の人。話を伺った弟、専務の昭利さんは同二十二年生まれ。広報や渉外担当も兼ねる腕利きの職人さんでもある。

このお二人のコンビネーションが現在の浅野太鼓を盛りたて、伝統と技術を支えてきた。他に奥さん、息子さん、それに八十二歳ながら仕事場ではいまだ現役の御母堂、小春さんたちもそれぞれ重要な技術の担い手である（小春さんは一九九九年逝去）。

家族中心に受け継がれてきた仕事も、現在はベテラン技術者を含む社員二十人（現、三十二人）。野球チームもあるよ、と専務さんは嬉しそうに笑う。

「やっぱ、こんだけ大きい太鼓の注文が増えるちゅうことになると、木をどうするか、それが一番問題やね。くりぬき胴の大太鼓は、一本の木をくりぬくさけ、木の太さで太鼓の大きさも決まるわけや。ゆうても、樹齢何百年の太いケヤキが、そうそうあるもんやないし、大きいのが出たちゅうと、少々無理してでも買わんならん。

大きい木は減るばっかりや。もう三尺以上の木は、全国どこの山に生えとるかほとんどわかっとるし。そんでも、まだ出ることは出る。

昔は三尺五寸くらいのんはゴロゴロあったもんや。小さいころはようかくれんぼしたり……。当時はたまあに三尺の注文があるくらいで、一番大きいので三尺五寸までや。三尺八寸のケヤキなんていう注文は最近のことやね」

太鼓の寸法は、皮面の口径をいう。「三尺五寸」なら口径一メートル六センチの太鼓ということになる。胴のふくらみは物にもよるが、それより三割がたふくらんでいて、表皮から裏皮までの胴長もふくらみの寸法とほぼ同じだから、一辺が一メートル三七センチの塊が削り出せる大木が必要になるわけだ。原木なら、子供どころか大人でも充分隠れられる大きさである。

「材料としてはなんとゆうてもケヤキが一番や。木目に品があって、何百年でももつし、音のヌケもええ。日本にしかない木や。

他に使う木は、セン、タモ、トチ、最近たまあにクスを使う。割れることないし『勝負』しやすいが。欄間工芸の井波町（現、富山県南砺市）辺りには二メートル前後のクスが台湾から入っとった。トチは昔は四尺もんが入ったが、トチは難しいちゃ。梅雨を越すと全部木が『酔う』。梅雨前に『勝負』せんとボコボコや。木も生きもんやで、梅雨越すと何しても良くないがね。

材料の原木は山で、立木で買うもんや。十一月から二月位までの木の水分が少ない時期に切ってえ、雪を利用して降ろすんやが、伐採の具合で割れたり、切ってみて中が落ちとったりしたらそれまでやから気イ使う。

目の粗い木が割れやすいが外から見てもわからんさけ。長年の勘や。ケヤキは特に割れやすい。何回も寸法測って確かめて、確かめて、三尺五寸が二本取れる思うて伐ってみたら、節があったりして取れんかったいう時もある。昔よう失敗した。ケヤキが一番値段が高いのにパアや、ハハ」

原木から自前で調達する太鼓屋さんは実は珍しい。一般的に太鼓作りは分業が発達していて、太鼓店はある程度加工の済んだ胴を仕入れて、それを完全な太鼓胴に仕上げてから皮を張る。半製品なら仕入れの段階で良否が選べるが、原木から自前だと、割れや傷のリスクを負う反面、一貫した品質管理ができるメリットがある。

「伐った木は原木で雨ざらしして乾燥させ、『玉切り』ちゅうて寸法に切って、『荒作り』する。大体の太鼓の形に削るわけや。生ケヤキは柔らこうて楽やね、乾燥しすぎると硬いさけ。

穴あけは帯ノコ入れて回し引き。戦後、スウェーデンとかノルウェーからオガクズのよう出る引きやすいノコが入ってきて楽になった。

今は機械にかけるが、昔はぜえんぶ手や。ヨキの大きいので割ってチョウナかけてえ。先代の親爺の時は一日で二個、機械でも遅い人だと二個やからおんなじ。それで乾燥させる。一年ぐらい経ったらノミとカンナで『本仕上げ』。音に影響するから一番技術のいるとこや。乾燥は昔から一寸一年ゆうて。大体一年半くらい乾かして『煙乾燥』で水分十二パーセントまで『しめる』。わら混ぜた昔の泥壁の部屋で燻すと、泥がよう湿気を吸うわけや。北陸は十二パーやが、表日本は十一パー。湿度が違うからそこまでせんとあとで木が『狂う』。九パーセントまでやるちゅうと完全乾燥。サンフランシスコあたりに出す時はそこまで『しめる』。今は乾燥機（ハイレクトドライヤー）も使うが、急ぐとギューッと縮む。尺八寸が尺六寸まで縮む。それにノミ入れてもニチャーとするが、自然乾燥やと、ころがすとカラッカラッちゅう音がして、ノミもスパッスパッといくが、おんなじ十二パーセントでも。中の成分がちごうとるんかしらんが」

因みに太鼓の値段は一寸（約三センチ）大きければ、その分高いわけだから、一本の木からできるだけ効率良く大きい太鼓をとらねばならない。出来上がっても、そのあと縮んだら安くなってしまうので、寸法には細かくなるわけだ。

今は回し引きで、大きな太鼓の胴を抜いた木からも小さい太鼓を作って木が無駄にならないようにしている。昔は全部木クズになっていたらしい。作業はその方が早かったようだが、逆にそれだけ木が豊富だったということだろう。

命が宿る太鼓

さて、伝統の馬具製造から四百年なら、さしずめ日本のルイ・ヴィトンかエルメスかという浅野家である。皮の話も伺ってみよう。

「技術で言えば鞄や、靴の半皮や甲皮の技術も持っとる。ツケ締め太鼓や桶胴の皮は、縫う技術も必要やし。加賀の獅子頭を、鹿の一枚皮で凹凸に合わせてぴしーっと貼る技術もあるよ。加賀独特のもんで、漆より丈夫や。だから昔は、太鼓だけでもないわ。三味線の皮も張ったし。今は、年間で千四百本からつくるし、一部断らんならんほどやで、手一杯やね」

「太鼓の皮に使うのは黒毛和牛の牝《メス》や。大きくなるのは牡《オス》やが、種牛しかおらんで数が少ない。この頃の皮は餌も違うし、昔のように放牧もせんから皮下脂肪ばかり厚い。油が毛の上までのっとる。油が多いちゅうことは湿気が残りやすうなって、強度も昔ほどないがね。

牝やから皮も薄いし『ウラセン』（後述）せんでもええような皮や。破れるちゅうことはめったなかったが、この頃破れるのがあるが。昔は二十年保証いっとったが。

役牛はおらんし、皆、霜降り肉用に一気に肥育するからや。どこにも太鼓専用の牛おるわけやないし。世界的に皮が不足しとるから昔ほどええ皮が入らんがね。

そやからうちで大きい太鼓に使う皮は、特別に牧場で育ててもらう。全国の牛から選んだ牡を一トンまでにするが、放牧やと怪我もするし傷になっとることもあるさけ使えるかどうか皮にしてみんとわからん。普通の肉牛は四〇〇キロどまりや。一トンにもなると皮に使えんかったとしても肉としてはハムにしかならんけど。

そこに展示してある六尺の「大和」太鼓は一トン五〇〇の牛やった。熊本から一〇トン車で一頭だけ乗せて、元気な牡やからあばれどおしやったんや。それが、屠畜場来たらクシュンとなって、わかったんやな。涙出して。あやん見てたらかわいそうやったね」

生き物のお陰なのは、我々すべての人間の業なのだが、製品や食料になったところしか見てないと、それが生き物だったことを忘れてしまう。業はさらに深い。

電気楽器や他の楽器にない神秘が太鼓にあるように思うのは、皮と木の命が宿るからだろう。職人さんは、そのことを忘れない。

皮の製造過程は、先ず塩漬けしたものを水で塩抜きしてから、今度は糠に漬ける。醗酵させて毛を抜くためだ。「ウラセン」と呼ばれる作業で皮下脂肪やアクをこすり取って、皮スキで厚さを整えて乾かして保存する。ここまでが冬の寒い最中の作業である。生皮なので温度が高いと傷みやすくなるからだ。濡れると一枚三〇キロにもなる冷たい皮を扱う仕事だから「とても、他人にはやらせられん」という、重労働。大変さがしのばれる。

「酒の産地とおんなじで、皮も水のええ処がええわけ。なめすと酸性になるやろ、アルカリで中和するわけや。神戸も灘の水が弱アルカリやからええ。

糠で醱酵さすから、昔の年寄りは卵や貝の殻混ぜて中和しとった。昔の人は中和ゆうて知っとるわけやないが。わからんことがあるとお、今でもたまあに婆ば（母堂）にきくとポツポツッと言う。昔の人はなんでもわかっとるね。

毛はそうやって糠で抜くか、石灰で抜くか、今は少ないが土の中のムロで抜くかで、その地方、地方でやり方や細かい手順はちがうね」

処理の終わった「乾皮《かんぴ》」を、水や酒で柔らかくして太鼓の寸法に合わせて「裁断」。それを「セン」で用途に合わせて更に厚さを調整して、太鼓の形に仮張りする「仮かけ」をして乾かす。最後にそれにもう一度水を含ませてから、出来上がった胴に「本張り」して「ビョウ止め」すると完成というわけだ。

本張りでは何トンという張力が皮にも胴にもかかるから、見ているとダイナミックでしかも繊細な神経が要ることがよくわかる。

大太鼓は背中を中心に一頭全部を使い、肩先は締めの小太鼓、腹は小物になる。

いかにも太鼓的な

くりぬき胴の太鼓の他に、大きな桶の胴に枠張りした皮を張った「おけしめ太鼓」もある。北陸一帯は「虫送り」という伝統行事が盛んで、その時に使われるものだ。たいまつを焚いて太鼓を打ち鳴らしつつ、疫病や害虫を村の外まで送り出す。

この太鼓が芸能化して温泉地で打たれるようになり、どんどん巨大化していった。桶胴なので皮さえあれば限りなく大きいものが作れるわけで、地域間の競争意識が拍車をかけて今では三メートルをゆうに超える物もあるが、そろそろ限界らしい。

打ち手からすると、そこまで大きいと使いようがないと思うのだが、競争で大きくなるという心理が、いかにも太鼓的だ。

「もうちょっと大きいのをゆうて、くりぬきでも注文くるが。やっぱり英哲さんとか、大太鼓をあれだけ打てる人が出てくるちゅうと、みんな憧れてやりたがるわね。

うちで納めたんでは、東京府中の大國魂神社の六尺六寸（口径二メートル、ほとんどトンネルのよう）、重さが二トン。世界一やわ、一木では。材料は唐木の輸入材。

こんだけのもん、胴抜くちゅうと、うちの社長だけや。五尺のチェーンソーで両方から入れて、途中でピタッと穴が通じる、勘だけで。タンカーのスクリューつくる大型旋盤を改良して入れとるし、バイトの歯も自分で工夫する人やで、どんなでかいもんでも出来んちゅうことはないと思うとる」

「先代の親爺は死ぬまで、見栄はるな、人に見せる金使うな、ゆうてやかましかった。遺言で、当時トラックとバンと乗用車の三台しかなかったのを、頼むこっちゃ一台減らいてくれ、ゆうて、そんな派手に見えることを嫌う、つつましい人やった。(自分たちは)「太鼓の里」資料館まで作ったり、規模も拡張したりで、してならんちゅうて言われたことみなしてきた。爺じおったらここまでせんかった。線香あげても、写真の顔まともに見れんちゃ」

先代の浅野義雄さんは明治四十二(一九〇九)年生まれ。昭和五十九(一九八四)年に亡くなられた。控え目で、職人気質を貫いた一生だった。

「そんでもなんもかんもええ時代になった。太鼓が海外まで出るなんて夢にさえ思わなんだ。世の中から注目されるし、単なる太鼓作りゆうわけにいかん。こないして構えると、働いてくれとる者の意気も揚がるがね」


私が八四年に初めてソリストとしてカーネギーホールのコンサートに出た時には、自分の太鼓がまだ買えなかった。浅野さんは出世払いでいい、と言って目の覚めるような木目の美しいケヤキの大太鼓を作ってくれ、ニューヨークまで手弁当で調整に来て、オーケストラとの共演を客席で目をうるませて喜んでくれた。

「請求書は出さない、太鼓打つ者に銭払わん者はおらん」という先代の心意気は、こうして今も息子さんたちの心の中で生き続けている。

※浅野義幸氏二〇一一年退社

浅野昭利（あさの・あきとし）
（株）浅野太鼓楽器店代表取締役。1609（慶長14）年より続く和太鼓製造技術を継承する一方、太鼓文化の振興と発展を目ざしてさまざまな活動を行っている。

鬼太鼓座
鬼太鼓座
鬼太鼓座
鬼太鼓座
鬼太鼓座

鬼太鼓座
鬼太鼓座
鬼太鼓座

Ⅲ　太鼓録

自分だけ大変なわけじゃない

1988・11

九月は不思議な月だった。

国立劇場と青山劇場の二つの大舞台が続いたにもかかわらず、凪がぴたりと止んだ凪《なぎ》の日々が続いたような印象が残る。

止むことのない雨のせいだったかもしれない。

僕のソロコンサートへの準備は、スタッフや周囲の忙しさとは別に、精神と体のコンディションをベストに持っていくために、一見淡々と過ぎてゆく。

稽古場に出かけ、体のトレーニングをやり、太鼓と毎日違う会話をする。

他者が介在しないそういう日が毎日続いていると、自分が世の中のどのへんに居るのかが、わからなくなる。

時間も世界も、まったく自分だけのものにしてしまう贅沢さと、不安が、ソロコンサートのおもしろさだし、怖さでもある。

山下洋輔さんの言った、とても好きなセリフがある。

「それがあいつの表現である」

山下さん自身が、海外でそう評されたらしいが、この言葉の許容量はすごい。何でも許されると甘えればそれまでだが、僕の不安のいくぶんかは、この言葉でフッ切れた。

恥をかきつつでも太鼓の独奏者として、様々なコンサートを続けられる力になった。


さて、国立劇場の「日本の太鼓」へは、二年ぶり六回目の出演で、今回は英哲の名でトリを務める栄誉に浴した。ゲリラでやっているつもりだから、こういう晴れがましさは似合わないとも思ったが、企画を続けてこられた国立の西角井《にしつのい》正大《まさひろ》さんの思い入れに感謝。

改めて気がついたが、国立劇場での太鼓の音の良いこと。邦楽器の微妙な生音を生かす構造と、技術はさすが、とウチの関係者一同うなってしまった。

笛と尺八のゲストの竹井誠さんは、常連の菊池雅志さんが病気のためピンチヒッターでお願いした。歯切れのいい演奏で、太鼓のリズムにうまく溶けあって大成功。「三つ舞」「五百夜」「宴」の三曲は、海外公演でもよくやっているので、気分的にはとてもらくだった。

一方、青山劇場のソロコンサート「響宴」の方は一枚看板だけに、荷はまたひとつ重くなる。

「これが私の表現だ」と開き直れるまでの日々はとても、辛くて長い。

今回はオリンピックの中継があったのが幸いした。試合前の選手の集中する様子や、結果が順位で現われる過酷さを、彼らの痛みを分け合うような気持ちで見た。あの日、あの時刻に、自分の最高の力を出すために費やされた日々のことを想い、自分と重ねてみると多少は落ち着く。自分だけ大変なわけじゃない。

山下洋輔さんとは、もう何回御一緒しただろうか。最近、山下さんは「海」だという気がしてきた。ソロの最中の背中を、舞台ソデから聴いていると、海原のようだ。

推峰師（現、名生師）は「気」。

意は音が走るさまじゃ——（白隠）という言葉があったと記憶するが、意志が気迫となり変幻自在に音になって走る推峰師は、まさにそれだ。

ゲストのお二人を迎えた自分は、何であり得るだろう。その問いを本番にぶつけるための気力の集中。そして幕があいた。

超といっていい満員のお客様。深い舞台の闇の底から太鼓が響く「出」。ライティング・デザイナー海藤春樹さん入魂の照明である。それからあとは、自分がまったく別物になっていくようで覚えていない。最後の大太鼓は我ながらよく打てたなと思う。楽屋も舞台も花で埋まった。

打ち上げの宴を終えて帰った深夜、母が危篤の報があり、眠れぬまま朝一番の便に乗る。昼近く、息子の大仕事を見届け終えたかのように、母は逝った。

八人もの子供を産み育てた明治の母は、末子の僕を一番気にかけていたのだろう、二ヵ月に及ぶ昏睡の中で、舞台の大本番が終わる日を待ってくれていたようだった。

臨終には間に合わなかったが、芸事が好きだった母に、青山劇場での息子の音が届いていたのだと思うことが、わずかな慰めになる。今回の舞台を一番喜んでくれたと思う。

ボストン、そしてニューヨーク　1991・7

雨の中に泰山木の花が白く浮かんでいる。

花びらも葉も大きく厚く、おまけにこの花はたいてい大樹の梢高く誇らかに咲くのだが、猛暑の日でさえ、芳香をまとったまま、不思議にひっそりとした感じがある。だからだろう、子供の頃からこの香りには親しんでいたのに、この季節に咲く花とは気がつかなかった。懐かしい花の白さに、ツアー後遺症の気分が一時ほぐれる。

さて久々のボストンは夏。緯度が高いので、強い日差しが斜めに照りつける。

十一年ぶりだ。

ボストンマラソンを走る太鼓打ち、という任を負って、生まれて初めて外国の土を踏んだのが七五年の春。膝を傷めて、三時間半以上かかってやっとの思いでゴールに辿りついて太鼓を打ちながら、もう二度と外国へなんか来ないぞと言い聞かせていた。

アメリカで踏んだ初舞台は、学芸会だ、と評され、アメリカで認められるにはニューヨークで成功しなくちゃね、とあからさまに言われたのを逆手にとってのボストンマラソンだった。日本人で、太鼓打ちで、だから何なの？　という程度の人々の意識を、こちらに向けさせるための苦肉の策のマラソンでもあったのだ。ちょっと辛いデビューだった。

二度と来ないつもりのボストンへ、その後六年通うことになった。毎回マラソンを走り、ゴールで太鼓を打った。小澤征爾さんに出会い、ボストンシンフォニーと『モノプリズム』の世界初演をしたのも、亡きレナード・バーンスタイン氏が演奏後かけ寄って、感極まって抱きながら祝福してくれたのも、ここだった。

毎春、ここから僕たちは世界に出て行った。悲喜こもごも、僕にとっては恥ずかしながら――青春のボストン――である。


劇場は、バークリーパフォーマンスセンター。渡辺貞夫さん以来、日本人ミュージシャンのメッカとなりつつある、あのバークリー音楽大学の建物だ。アメリカにしてはとりすました感じのあるヨーロッパ的なこの街に、ジャズの学校があるのがおもしろい。

客席のほとんどの人は、その頃の僕のことなど覚えていなかったろうが、演奏の間のスピーチでその頃の話をしたら、とてもいい反応が返ってきた。まさか本当にボストンでソロコンサートができるとは思いもしなかった僕としては、この懐かしさを何とか伝えたかったので、反応があったのはとても嬉しかった。

スピーチ原稿の英訳をやってもらったのは今回の主催者でもある、ＪＡＬインターナショナルの藤松さん。「英語のスピーチで受けるなんて、すごい、すごい。発音もよかったし」と、ほめてくれる。滞米何十年のベテランにほめられると、その気になる。その気になりすぎて、ニューヨークではしどろもどろになってしまったけど……。お客さんの拍手が温かくてひと安心。懐かしい人や思いがけない人も来てくれた。「ずいぶん上手になったねえ」と言われると返す言葉がない。

街はすっかり小綺麗になっていた。七〇年代の喧騒のエネルギーなどどこにもない。ＭＩＴ（マサチューセッツ工科大学）やハーバード大学のあるケンブリッジの学生街は、道を歩いているとマリファナタバコの匂いがするような所だったが、今は健康でおしゃれな街。

B.B.キングを初めて聞きに行った「ルシファー」というライブハウスも、なくなったようだ。深々と一曲毎におじぎをする黒人ミュージシャンと、熱狂するまったく白人ばかりの聴衆のコントラストが、強烈な印象で忘れられない。

舗道にテーブルを出したしゃれたイタリアレストランで、ラザニアを食べながら――そういえばラザニアというものを初めて食べたのもこの街だった――、あの頃は郊外を走ってばかりで街をゆっくり歩いたことなど一度もなかった、と思った。一人になって再びここに太鼓を打ちに来ているのが、嘘のようだ。

ニューヨークはとても緊張してしまった。力みすぎて一曲めが終わった時には、もう息が苦しい。気持ちのたかぶりに体がついてゆくのがやっとだ。出発まえに、今回のツアーのために新調した太鼓の台のうるしにかぶれてしまって、コンディション調整が充分にできなかったのも原因だが、やはりニューヨークのプレッシャーはきつい。おなじ事をするにも何倍もの気力がいる感じだ。それでも幸い、一曲めから聴衆の反応は良かった。

七八年にオフブロードウェイのビーコンシアターでロングランを狙った時も、毎日のステージが、もう精根尽き果てるような気がした。たぶん、それは自分が勝手に背負いこんだイメージの重さだろう。八四年のカーネギーホールの時は、ソロになって太鼓の仕事があるだけで「御の字」的な状況だったから、不思議に気負いも何もなかった。タクシー運転手のヨットマン、多田雄幸さん言うところの「グリコのおまけ」的な、思いもよらないラッキーな御褒美のような感じだった。

しかし、今回のように自分から狙いに行くと、世界中から志を立てた人々が集まって、しのぎを削りあっているニューヨークの空気の熱さのようなものが、じわりと染み込むのを感じる。ニューヨークが面白いのはそれがあるからだ。その空気と張り合いながら、にっこり笑う余裕を見せる人が、街のその辺にいたりする。

いま見たミュージカルの出演者が、楽屋口からもう普通の顔をして出て来て、街を歩いている。

「あたしは舞台女優、つぎの舞台までここで働いてるの。今日はこれがおいしいわよ。あら、カーネギーホールにでるの？　ワオ、グレイトね！　グッドラック！」

レストランの若くてとても感じのいいウエイトレスが、そういう人だったこともあった。こういう感じがアメリカ人のカッコ良さだが、何べん来ても当方はとてもそんなカッコは身につかない。

どうにか、精一杯の舞台を終え、温かいアンコールをスタンディングの拍手で迎えてもらい、楽屋に会いにきてくれた人たちの祝福を受け、ホテルの部屋に帰って一人になってホッとする。スタンディングの拍手の音を思いだしながら、鏡に向かってビールでひとり乾杯するのが、ま、せいぜいのカッコつけであります（……つけすぎ、か）。

今回の会場だったリンカーンセンターのアリスタリーホールは、ジュリアード音楽院の建物と同じだ。楽器を抱えた、若い未来の一流演奏家と同じドアから楽屋入りするのは、なんだか張り合いがあって、実にいいものだった。

ニューヨークでは、「グランドホテル」というミュージカルと、大評判のカナダの「太陽サーカス」（シルク・ドゥ・ソレイユ）と、ブルーノートでカーメン・マクレエを聞くという、大衆観光客ざんまいをした。とてもいいものだったが、日本でもっとすごいものを見たので、印象が飛んでしまった。

七代目松本幸四郎の弁慶（「勧進帳」）がそれ。昭和十八年に撮った記録映画なのだが、まるで生の舞台を見ているようなおもしろさ。動きのキレといい、セリフといい圧巻の役者ぶりだ。もう、御存知の方は当然と思われるだろうが、先人の芸というものは本当にすごい。日本人、決して負けてないです。

父の場所

1993・3

「あんたの親父が生きていれば……」

喜んだろうに、という後に続く言葉を少しつぶやくようにしながら、来年、九十歳になる父の親友、畬野光義《あらたのこうぎ》老僧は淡々とそう言われた。

親父は明治三十八年生まれだから、京都の東寺中学（現、洛南中学・高校）に学んでいた頃というのは大正時代のことである。父が広島の山奥から親元を離れ、十代の青春を過ごしたその東寺金堂前の境内で、七十数年後に息子が太鼓を打つことになった。

不思議な縁だ。

「音舞台」と名付けられたこの催しは、京都の名刹を会場に毎年行われている。今年の会場の東寺にぼくが出演することになったのは、まったく偶然だった。出演が決まってから、親父が京都の学校で学んでいたことをおぼろげに思いだし、兄に確かめると、そうだ、東寺中学だと言う。

それくらい父については知らなかった。

ぼくは遅く生まれた末子だったので、親父の五十代以降しか知らない。子だくさんの寺で、ものの心つく頃は父はもう壮年だったから、親の青春時代はおろか若い時にどんな風だったかを、想像したことさえなかった。

父は無粋といっていいくらい無趣味な人で、年を取っていたせいもあったろうが、子供達がテレビを見ているとうるさがって、およそにぎやかな事に関心がなかった。

蕎麦が好きで、毎年、大晦日のためにわざわざ自分で蕎麦を育てて、みずから打った手打ちの年越し蕎麦を食べてから、境内の鐘楼に除夜の鐘を撞きに行っていた。他の家族は里帰り組や、親戚や、友人を含めて年に一度の大賑わいで盛り上がっていて、テレビの紅白歌合戦がつけっぱなしだ。

都会から帰った子供達に、自分が打った蕎麦を食べさせるんだ、と楽しみにしていたのに自分はその賑わいから、しばらくするとすっと外れる。酒好きだったが、もう量はだめですぐ横になって眠っていた。だが子供達が、半分気を遣いながら「やっぱりお父ちゃんのソバがいちばん」と言って喜んでおかわりするのは嬉しかったに違いない。あの頃が、我が家族の全盛期のフィナーレあたりだったような気がする。

その後、ぼくは佐渡に渡り太鼓の集団生活を始めてほとんど帰郷することもなかったので、父が亡くなるまでの十年間に片手で数えるほどしか会っていない。

太鼓のメンバーを伴って初めて実家に立ち寄った時に「ひであき（〃英哲〃の本来の読み）は体を使うんだから、トンカツも食わせてやれ」と、まだ嫁に行く前の下の姉に命じて、朝からトンカツや尾頭付きを用意させた。

広島で公演した時はもう体も弱りすこしぼけていたが、母に伴われてうなぎのかば焼きを食べきれないほど持って来てくれた。父は魚が大好物で、食べることが好きだった。

高野山からわざわざ太鼓を聞きに来られた、櫻池院《ようちいん》の釜野光義老僧が、とても九十を迎えるとは思えないお元気さで、父との中学時代の思い出を語って下さる。

「剣付き鉄砲をもって、捧げ銃であの門のところで全員整列して、皇后をお迎えするいうてな。教練があったから、その頃は。石畳の上にまで白砂を敷いてな。後で皇后さんの歩いた足跡をこないして這いつくばって捜したもんじゃ」

東寺は嵯峨天皇ゆかりの寺だったから、そういうこともあったのだろう。

「あの五重の塔の下でストライキをして、授業をボイコットした。松山が応援団長だったからあいつが旗をふって皆で気勢をあげたんじゃ」

「松山」というのは大映のプロデューサー故松山英夫氏で、ぼくの名の「英」の字をいただいた方。五月の連休を「黄金週間」と命名した方で、小太りで父と体型が似ていたので父はよく松山さんからもらったダブルの背広を着ていた。外国の映画祭のお土産にネクタイなどももらっていたから、田舎の坊さんにしては、びっくりするほど派手ないでたちになることもあった。

「林は勉強ができてほんとに人のいいやつだったから、落第しそうな友だちのために、試験の自分の答案をそいつの名前で出してやることにしてね。ところが、そいつがたまたまその日は試験がよくできたもんで、試験中に林にOKサインをだして。大丈夫だから名前は自分のを書く、というつもりだったんだな。ところが林は真面目だから、よろしく頼む、のサインだと思って。後で同じ名前の答案が二枚出たので、計画がばれてねえ、ハッハッハ」

生前、松山さんから聞いた話だ。この友人というのが、松山さん自身だという説もあって、兄姉は知っていたが、ぼくは父からこういう話を聞いた覚えがほとんどなかった。

「林と自転車に乗って、鴨川土手までよく映画の撮影を見に行ったもんだよ」

若い頃の親父を知らぬぼくは、松山さんと父の小太りのふたり乗りの図を想像して可笑しかった。しかし当然のことだが、大正時代の京都の父も松山さんも、そして畚野老僧も、未来を知らぬ、まだ少年だったのだ。

台風が去り、空は見事に晴れて、スタッフの気配りの行き届いた東寺のコンサートは大盛況だった。「おかげがあったんですわ」金堂にむかってにっこりと手を合わせながら、共演のオペラ歌手佐藤しのぶさんが晴れやかにおっしゃる。

大太鼓のソロの後半、だいぶ疲れてきたころ、一瞬、ここが父の場所だという気が鮮明になり、力が出た。たぶん、どこかで見てくれていたのかもしれない。

一九七五・四月 to 一九九五・九月

1995・10

暑い暑い夏が終わった。戦後五十年めの夏。

第二次世界大戦中の実写映像を映すテレビの画面には、砲弾の雨に倒れる兵士や女子供、焼け落ちる街、小山と見紛う大量の悲惨な屍、昔ならテレビでは決して放送しなかっただろうリアルな場面まで次々と映し出された。

人間のやってきたこと、やっていること。記録に残るもの、記憶にしか残らないもの。伝わるもの、伝えられぬもの。生きるということ、死ぬということ。

画面を見ていて、いろんな感情が行き来して喉の奥まで鉛がつまったような気持ちになった。

小澤征爾さんが九月一日の還暦祝いチャリティーコンサートの中で「音楽というものには生（ライフ）と死（デス）の両方があるってことを、歳のせいかもしれないが特にこの頃感じる」とおっしゃった。チェロ奏者のロストロポーヴィチさんが、バッハの「サラバンド」を演奏する時の紹介の言葉だ。「震災で亡くなった魂のために皆さんもどうか拍手をしないで一緒に祈って下さい」。演奏後、満員のホールは静寂に包まれた。

小澤さんは昔から「僕は神様に聞いてもらうつもりで音楽を一生懸命やっている」と言っておられた。いつも祈っておられるのだろう。その純粋さが心を打つ。

音楽を通して「祈る」ということ。人と人が洋の東西、文化の質を超えてわかりあえるのはこのことだけかもしれない。

太鼓を前にして祈ることしかできない時がある。人が声を出し音楽をやるというのは、切実なぎりぎりの祈りから発した行為なのではないか。雨が降ってほしい、日が照ってほしい、思いを届けてほしい、その原初の祈りの瞬間が太鼓を打っている最中にたまに訪れる時がある。

僕は今こうして生きて太鼓を打っている。毎日「バカだなあ」と自分のことを思いながらたまたま生きている。だが世界では「バカだなあ」ではすまないことがさらにさらに過剰に起こりつづける。小澤さんには及ぶべくもないが、こういう時代にあってわずかに自分にできることといえば一心に演奏すること、そして祈ることだけなのだろう。

小澤征爾さんと初めてお会いしたのは一九七五年四月、ボストンだった。佐渡の鬼太鼓座の一員としてやっと初の海外公演を実現した年だ。世界の舞台を目標に島ごもりの合宿訓練をスタートした我々だったが、技量未熟ということで予定の二年間はとうに過ぎ、すでに丸四年の月日が流れていた。

訓練の中でも突出して厳しかった長距離走の成果を試すためと話題作りのために、ボストンマラソンを完走してそのままゴールで太鼓を披露するという、当時としては前代未聞な計画が海外進出の第一歩だった。当時一ドル三百六十円、念願の外国アメリカへは羽田からの出発だった。

小澤さんとの御縁は、お世話になっていたボストン在住の日本人歯科医、ドクター堀内の紹介だったと思う。「珍しい太鼓のグループだから」ということで、ボストンシンフォニーのリハーサル中にお邪魔して演奏を聞いてもらうことになった。楽団員を始め、世界的ヴァイオリニストのアイザック・スターンさんも小澤さんと並んで聞いて下さった。

素人が、デモンストレーションとはいえシンフォニーホールの舞台で世界的な音楽家を前に演奏するのだから、身も世もなく緊張した。特に僕はすべての太鼓の他に三味線も弾いていたが、これが一番上がった。相方の河内は、確かしょっぱなにバチを折ったか糸（弦）を切るかしたような覚えがある。彼は力強いいい三味線を弾いたが、気合が入りすぎるとよくそういうアクシデントを起こした。その瞬間、間髪いれずに演奏を引き継ぐのも僕の役目だった。

幸いに演奏は好評でスターンさんは「音楽が筋肉も鍛えるとは！」と感嘆して下さったし、小澤さんもとても喜んで二、三日後のボストンマラソンの本番にはわざわざ家族で応援にまで来て下さった。

そんなことから「一緒にオケとやれる曲があるといいね」ということで、その当時ベルリンにおられた石井眞木さんに作曲を依頼して下さったらしい。まさかの話はトントンと運び、翌年の夏にはタングルウッドの音楽祭で初めてオーケストラ――それもボストンシンフォニー――と共演することになる。それが石井眞木作曲『モノプリズム』――日本太鼓群とオーケストラのための――の世界初演だった。

タングルウッド（こんがらがった木）というのはボストンから車で三時間ほどの森に囲まれた避暑地で、毎年夏に音楽祭が開かれている。小澤さんがアメリカでの指揮コンクール一位になられたのもこの音楽祭で、近年ソニーの大賀会長（当時）からの寄付でセイジ・オザワホールも出来た。

もともとの大ホールは半野外劇場になっている。客席の後ろの方は屋根がなく深い森に囲まれた広々とした芝生の青天井に続いていて、主に学生や家族連れなどは寝転んだり弁当を広げたりしてクラシックを楽しむ。音楽祭自体は世界的にも権威も伝統もあるものだが、カジュアルにクラシックを楽しむという雰囲気はいかにもアメリカ的だ。

現地には一週間ほど前に入った。いよいよ緊張は高まる。太鼓のコンチェルト（協奏曲）自体も世界でおそらく初めてだったし、メンバー全員スコアを見るのも指揮棒に合わせるのも初めてだった。少しでも慣れるため、自分達の太鼓のパート練習は僕が指揮者替わりになって、町から少し離れた土砂の採掘場のようなところを捜して毎日練習した。中学の時に合唱コンクールの指揮を一度だけやったことがあるのが妙なところで役に立った。作曲の石井さんもベルリンから駆けつけ特訓をして下さった。

小澤さんにも特にオケなしで練習してもらった。何度も何度も「このテンポで大丈夫かい？打ちにくくない？」と細かく気遣って下さる。初心者には本当に有り難かった。当時の小澤さんは四十歳、ボストンシンフォニーの音楽監督として赫々たる地位にありながら我々にたいしては兄貴分のように気さくで、音楽面のことはもとよりシンフォニー側との煩雑な交渉や説得なども自らやって下さったようだ。成功するかどうかもわからない我々との共演は、小澤さんのこういう人柄なくしては実現出来なかったろう。

本番前日の午後にオープンリハーサルがあった。本番のチケットが手に入らなかった聴衆のために有料の公開練習をやるのである。このチケットも人気があって、リハーサルとは言ってもかなりの数のお客さんを前にするわけだからほとんど本番のようなものである。しかも名指揮者にして大作曲家のレナード・バーンスタインさんや他のプログラムの名だたる演奏家も前の席で聞いている。小澤さんが師匠にあたるバーンスタインさんをわざわざ招いたらしかった。緊張で手がブルブルと震える。

この時の演奏は失敗しなかったと思うが、一生懸命なだけでいいか悪いかよくわからず、オケのメンバーがこちらの演奏中に指で耳をふさぐのが、申し訳ないような情けないような気がしたのを覚えている。

終わってから、大太鼓の桴《ばち》を片付けている僕のそばに初老の人物がよってきた。バーンスタインさんだった。僕は恐縮した。「ウエスト・サイド物語」は僕が七、八回も見た大好きな映画だった。あの名作の大作曲家が目の前に立っている！

彼は嬉しそうな笑みを浮かべて小澤さんに何やら言っている。大汗の小澤さんはステージの袖でタオルを使いながら「エイテツ！　お前はいくつかって聞いてるぞっ！」と叫んだ。その夏僕は二十四だった。そう返事をすると「そんなに見えないって。十六くらいにしか見えないって。お前はすごいって！」。上気した小澤さんの大声の通訳が、今も耳元に聞こえるような気がする。

前日、僕はこの五年間一度も鋏を入れたことのない背中まで伸びていた髪を切って五分刈りにしていた。僕の世代では長髪は年長者や社会への抵抗のシンボルだったが、もうそうも言ってられないのだと自分に言い聞かせるためだった。

その年はコロラドからニューヨークまでグレイハウンドの大陸横断バスで旅をして、タングルウッドに入った。予算を安くあげるためとアメリカをよく見るためでもあった。アメリカ中の街が建国二百年祭に沸いていたが、バス利用客の多くはそういうお祭り騒ぎと無縁に見える孤独で貧しい階層の人達だった。黒人や老人が目立つ。そういう乗客と共に何日も延々と続く単調で広大なアメリカの荒野を車窓に見ながら、僕は自分のこれからについて考えていた。

単にマラソンをやって太鼓を打つということだけが取り柄のグループが、いよいよ世界の晴れがましい音楽の舞台に立つのである。この道を目指している世界中の演奏家のうち、どれだけの人がこの栄誉に浴することができるかを考えれば、俺達は掟やぶりのようなものではないか。鬼太鼓座は決してプロを目指す集団ではなかったし、自分自身もそういう道で生きようとは考えたこともなかったが、これから世界一流の演奏家と共演するのに、中途半端な気持ちのままで臨むのはとても卑怯なことのように思えた。技術が及ばないのはわかりきっている。だが一緒に音楽をやる以上は気持ちだけでも同じ音楽家でなければなるまい。その覚悟すらないようなら相手に失礼ではないか。何よりこういうチャンスを与えてくれた小澤さんに恥をかかすわけにはいかない、と思った。

僕が、演奏をこれからの自分の仕事としてはっきり自覚し、また自覚せざるを得なかったのがこの時だ。美術の道は諦めるしかない——若い気負いで自ら追い込み、精一杯下した切ない決断だった。人生がゴトンと音を立てて向きを変えたような気がした。髪を切ったのはそのけじめだった。

本番は上手く行った。大太鼓のソロは前日の方が良かったような気がしたが、何より小澤さんの指揮はとても的確でわかりやすく、しかもテンポが絶妙だった。無理なく太鼓を全力で打てるような、まったく狂いのない速さだった。後になってわかるのだが、こういうことの出来る指揮者はめったにいないのだ。観客は盛大なオールスタンディングの拍手になった。一年前の海外公演で、外国で受けた時はこういう盛り上がりになるのを経験してはいたが、やはり格別に嬉しく誇らしく、そしてほっとした。

翌日の夜だったか、大きなテントの会場で我々も交えて打ち上げのパーティーがあった。その夜、ホールでのコンサートプログラムはマーラーの合唱曲で、バーンスタインさんの指揮で何百人もの合唱隊とオーケストラ（確かニューヨークフィル）のとても力強くいい演奏が行われた。夜遅く、燕尾服にドラキュラ伯爵のようなマントをひるがえし、手にはシャンパンの瓶をぶら下げた上機嫌のバーンスタインさんがパーティー会場に現われた。僕を見つけると「オーボーイ！」「エクセレント！　ビューティフル！」。確かそんな風な言葉を発しながら駆け寄って来て、子供を抱くように抱き締めてほっぺたにブチュブチュとキスをした。そうとう酔っぱらっておられたようで足元が千鳥だ。ひげづらが痛くて世紀のマエストロも単なる酒臭いおじさんだったが、まあ、光栄なことである。

我々の写真を撮っていたドクター堀内が「あー、いいシャッターチャンスだったのに」と撮影できなかったことをとても残念がられた。あれからバーンスタインさんも故人になられ、今はそういうことも懐かしいような悲しいような思い出になった。

その年の暮れ、『モノプリズム』の日本初演をした。もちろん小澤さんの指揮でオケは新日本フィルハーモニー、上野の東京文化会館だった。

本番直前、舞台の袖で小澤さんは我々に真顔でこう言われた。

「あのさ、こういう商売はいろいろあるからさ。外国で受けても、日本でコケちゃなんにもなんないからね」。小澤さんの気合のいれ具合は、日本の方が一段と上だったかもしれない。世界のマエストロ、小澤さんの置かれている立場の大変さをその言葉に感じた。

こちらも多少慣れたし、日本のオケということで楽団員とのコミュニケーションもしやすかった。それに日本のオーケストラはこれもだんだんわかってくるのだが、現代曲がとても上手いと思う。そういういろんな要素が功を奏してか、この時の演奏はとても素晴らしく、日本ではめずらしい熱狂的なブラボーになり、そしてこの時の演奏でこの「モノプリズム」はこの年の作曲の最高賞、尾高賞を受賞することになった（ちなみに五月の「風神・雷神」で共演したパイプオルガン奏者、鈴木隆太さんは高校生の時客席でこのコンサートを聞いていたという）。

「あんた顔変わっちゃったからわかんねえよ」

九月一日、サントリーホールで久々に再会した小澤さんは、僕を見てちょっと戸惑っておられた。小澤さんが還暦を迎えられるほど月日が流れたのだから、こっちだって「十六に見える坊やじゃまずいわけだが、本番の大太鼓ソロを聞いてもらった後には「あんた歳とんないねえ」ともおっしゃった。「年々大変になります」「そうだろうねえ」としみじみ。これはマエストロにもそういう大変さがあるということなのだろうか。そういえば少し痩せられたようだ。

お嬢さんの征良《せいら》ちゃんが、母堂そっくりの美人に成長してまるで往年の「入江美樹」だ。「僕を覚えてる?」と聞いたら「うーん、太鼓があったのはなんとなくうっすらと覚えてるけど……でも今日の太鼓すっごく良かった!」。そんなものなのだろう。ボストンの小澤さんの家で彼女がよちよち歩きの弟と二人で両親にまとわりつきながら「イーアイイーアイオー」と歌っていたのをこちらはよーく覚えているんだけど。

ソロになってからパリと東京で二度、小澤さんにはお目にかかっているのだが演奏は聞いてもらっていない。だから、今回のコンサートに呼んでもらえるとは思わなかったので本当に嬉しかった。別れ際に「林さんありがとう。やっぱり今日は最初が太鼓でうんと締まったね。ね、みんな。良かったよお」。笑顔の小澤さんは二十年前と同じように相変わらず快活にそうおっしゃったが、もう「エイテツ!」とは呼んでくれなかった。光陰は確かに矢の如しだ。次にお目にかかる時は又、小澤さんの指揮で演奏できるといいのだが。

今世紀最後、大興奮ドイツ・ソロツアー

2000・7

ドイツから帰国したとたん、地震はあるわ噴火はあるわ梅雨明け前なのに猛暑だわ、と日本の風土を思いっきり味わう羽目になった。一月にバリ島でもう夏をやってしまったような気でいたので、この暑さはまるで早回しで来年の夏に突入したような感じだ。エアコンいらずの人間だったのだが、もうそんなことは言っていられない——と思っていたら冷蔵庫、アンプ、ファックスに続いてエアコンまで故障してお手上げ状態になった。都市生活者は実に電気道具なしではやって行けない。ああッ。

さて早速ドイツ熱狂ツアーの御報告を。

今回ドイツでの最初の演奏会は、ニュルンベルクのマイスタージンガー・ホール。これは昨年の九月にベルリン・コンチェルトハウスでベルリン・シンフォニーとやった太鼓コンチェルト「風

神・雷神」のアンコール公演ともいうべきコンサートで、オーケストラはニュルンベルク・シン
フォニー、指揮者は前回と同じくオランダ人のジャック・ファン・スターン氏、パイプオルガン
奏者も前回同様ドイツ人のヨアヒム・ダーリッツ氏という顔ぶれ。二度めの顔合わせなので気分
的にはとても楽だ。
ニュルンベルクの町も二度め。七年前の秋にミュンヘンから一人で汽車旅行をした時に寄った
ことがあるので懐かしい。

この街はワーグナーのオペラ「ニュルンベルクのマイスタージンガー」でその名を知られてい
るが、そのオペラの舞台のような中世の古いお城や城壁や職人街が今も残っている街だ。という
より、戦災でほとんど壊れたものを忠実に復元した結果らしい。石畳も路地も教会も橋も、まる
でそんなことがなかったかのように古色の雰囲気なので信じ難いが、実にていねいに直し現代の
生活もできるように内部も直している。ドイツにはこうして復元した街が多く、その徹底ぶりに
ドイツ人気質が窺える。

面白いのはそういう城や歴史的な建物が、現在は若者のための学生寮のような形で使われてい
ることだ。城の窓からはロックバンドの練習の音がして来るし、屋根付きの橋に続く古い建物の
屋根裏窓には、若者が腰かけて観光客をながめながら手を振っていた。

一方、マイスタージンガー・ホールは新市街にある近代的なデザインの大きな会場でホテルも

併設されている。一帯は大きな公園になっていて、公園の緑地の端はヒトラーがナチスを旗上げした場所らしく広大なパレード広場やコロセアムなどのナチの「夢の跡」がそのまま残っている。その全部を壊すには金がかかりすぎ、有効利用するには余りにも負の遺産すぎる、という巨大な石造りの構造物が、ただ時間が過ぎるのを待っているような状態で真夏の日射しを受けていた。

演奏会はオール現代曲で、夕方の七時から午前一時までやるというなかなか意欲的なプログラム。大きいホールでオーケストラとパイプオルガンの作品を、小さいホールでは打楽器の作品を演奏し、聴衆は好きな方へ行き来して聞くというもの。

僕は七時からの演奏会オープニングの演奏を小ホールでソロで四十分やり、大ホールでのトリの演奏『風神・雷神』をオケ・オルガンと共にやったわけだが、なんとこれは午前〇時をまわってからの本番だった。夜九時ごろまで陽が射す夏のヨーロッパならではの演奏会だ。

最初の僕の演奏では立ち見まで出るギッシリの超満員だったが、途中かなり減ってしまって、しかし最後の『風神・雷神』では又もどって来たお客さんで盛りあがる、という不思議なコンサートになった。

在ドイツ二十数年という日本人楽団員、トランペット奏者の佐藤ひろしさんによると「ニュルンベルクは田舎なので、現代曲だけのプログラムだとなかなか難しいんですよ」ということだが、こういうプログラムが実行できるだけでも大したものだと思う。

今回の『風神・雷神』の演奏はお互いの呼吸がこなれて来て、とてもスムーズ。今まででいちばんいい演奏ではないか。ここのオルガンは構造がちょっと変わっていて、舞台の背後に横方向に広くパイプが並んでいるので、音のステレオ感が強調されオルガンとオケの一帯感が強い。教会式に高くセットされる場合が多いパイプだが、この横並びもなかなか面白い効果だ。

観客は深夜にもかかわらず熱心で演奏後は盛大な拍手が続き、ロビーでは僕が出てくるのをずっと待っていた若者もいた。小ホールで演奏していた打楽器奏者も興味津々で見に来ていたようだ。作曲家の新実徳英さんは御両親同伴で来られて、大好評にとても嬉しそうで「今日の録音、CDにしたいなあ」と上機嫌だった。

ベルリン・フィルハーモニーとのワルトビューーネ・コンサートはその四日後。

会場はベルリン市内のオリンピック・スタジアムがある広大な森の中にあり、ギリシャの野外劇場を巨大にしたような構造になっている。強い日射しの暑いニュルンベルクから来てみると、ベルリンはまるで冬に逆戻りしたような寒さだ。本番の日も日中は雨が降り、風も吹き「本当にこんな日に野外劇場でクラシックのコンサートができるのか？」というような天気だったが、これが六時の開場頃には止んで、ちゃんと本番ができる状態になるのだから不思議だ。テレビ中継のスタッフも、天候を意に介する様子がまったくない。雨でも決行すると聞いたがどういう神経をしているのだろう。

こちらの曲は松下功さんの『飛天遊』。フィルハーモニー・ホールでのリハーサルは大変順調で、オケも今回初顔合わせの指揮者のケント・ナガノ氏もとても友好的な雰囲気でひと安心だった。なにしろホールとオケの響きが素晴らしいので、今回わざわざ日本から駆けつけた「我が社」の関係者達もリハを聞いて「同じ曲とは思えないッ!!」と驚嘆するほど。さすがベルリン・フィルの音と演奏技術だ。

本番当日、開演は八時。まだ湿り気の残る明るさの中で演奏は始まった。開演前には会場内に観客とベルリン・フィル楽団員も交えたウエーブが自然発生的に起き、まるでサッカーのワールドカップでも始まるかのような盛り上がりと大歓声が森に響きわたる。何ごとかと楽屋で思っていたら、やがて騒ぎはおさまり一曲めバーンスタインの『キャンディード』序曲が始まった。この雰囲気がワルトビューネなのだな。

そして演奏は進みあっという間に僕の出番になった。出番の誘導をする人がいないので、指揮者を映し出すテレビモニターを点検しに舞台に出たら、ケントさんはもう指揮台に立っていて僕に「どうぞ」の合図を出している。それがもうそのまま本番の始まりになってしまった。こんなラフな全世界テレビ同時中継があるのかッ！　と心の中であせりながら、大太鼓に向かう。

普通、日本ならこんな場合は現場の担当者が何人もいて、出演者がどのタイミングでどう動くかということを細かくチェックして誘導されるのだが……。それは日本的な「過保護?・」。日本の常識は、ドイツでは非常識なのかも。

まあ、それはそれとして、とにかく演奏は始まってしまった。楽器同士の音はホールのリハに比べ聞き取りにくく、指揮もテンポがいいのでかなり速い。僕の大太鼓ソロ、カデンツアの時には腕が干上がり状態になって、曲のラストの数小節は死にもの狂いの速さだった。それでも指揮について行けたし、オケの打楽器や弦とも歩調をあわせることができたのは、七年間演奏してきて慣れた曲だったからだ。初演の曲ならこうはいかなかっただろう。

演奏後、思いがけないほどの大歓声が湧き上がったが、それよりも「テンポ、落っこちなくてああ良かったア」という安堵の方が大きく大歓声は耳に入らなかった、というのが実感。テレビを見た人が、いい笑顔だった、と言ってくれたが、ほんとに恥をかかなくて良かった、という顔をしていたのだと思う。あんな晴れがましい舞台で失敗していたら、目も当てられない。

さて、この後はテレビで見て戴いたとおり、二万五千人の大歓声、又、大歓声が続いた。生中継だからアンコールをやる時間はないです、という事前の話だったのに客がおさまらないから、誰が判断したのかよくわからないまま「アンコール行って！」という状態になってしまい「宴」をやった。テレビ・スタッフもさぞやパニックだろうと思い、できるだけ短く、短くと思いながらやり終えると、さらに大歓声！　大歓声！　もう出たり引っ込んだりのあいさつはカット、ということで袖のブリッジに引き揚げると、その方向に向かってまで立ち上がった観客がずっと拍手を続けてくれた。そこで手を振ると、さらにワーッとどよめきと歓声が湧き上がる。ほんとにスポーツ中継みたいだ。

舞台側で聞く歓声と拍手の音量のすごさは、ちょっと今まで経験したことがない。円形の客席のせいもあるのだろうが、大歓声が大きな壁のようになって押し寄せて来る感じだ。

舞台袖ではベルリン・フィルの楽団員が次々に「おめでとう」と握手をしに来てくれた。僕の経験では、共演後の楽団員がここまで喜んでくれたことはかつてなかったんじゃないかと思う。招聘してくれたワインガルテン氏も上気した顔で握手をしてくれ、本当に嬉しそうだ。

一家でやって来た作曲の松下功さんも嬉しさが満面の笑顔になって止まらない。フィルハーモニーのスタッフはもう彼を「マエストロ」と呼んでいる。和太鼓コンチェルトをベルリン・フィルが演奏するのは今回が初めてだろうし、日本人作曲家の作品自体、武満徹作品以外に取り上げられたのは初めてかもしれないね、というような話をしながら、彼が今、どれほど誇らしく嬉しいだろうと思った。十九年前、ベルリンで留学生だった彼が我々の公演のアルバイトに来てくれたのが最初の出会いで、その後、同世代というよしみから出来たこの曲は、最初は小さい室内楽版から出発したのだ。それを思うと、もうほんとに出世魚のような曲である。苦節二十年と言ってもいいのかな？　めでたい、めでたい。

そうこうしていると、ケントさんが楽屋に飛び込むようにしてやって来て「アメリカでこの曲はやった？　僕はサンフランシスコ響も振ってるから、ぜひやりたい。あそこは日系の人も多いから喜ぶと思う、ぜひ！」（原語は英語です）。

太鼓がこんなに繊細なニュアンスを表現する楽器だとは思わなかった、とも言って感嘆してくれた。ありがと、ありがと。そう言ってくれたあなたはエライ！　ケントさん、少し神経質な人のようにも見えたが（写真撮られるのが嫌いらしい）なかなか好漢であります（今回はピアニストの麻里夫人と赤ちゃんも同伴だった）。

着替えてコンサートの後半を客席で聞いていたら、みんな気がついて僕に拍手をしてくれる。普段着に着替えると日本でも気付かれないのが自慢（？）の僕としては不思議だったのだが、どうも巨大テレビモニターに表情が映っていたせいらしい（街に出た時も、コンサート良かった、と話しかけてくる人が何人もいた）。

客席に入ってみると、観客が本当に楽しんで音楽を聞いているのがわかる。ガーシュウィンのメドレーの時は、次々と用意していた小さな花火をつけて幻想的な雰囲気になった。風が少なければ客席中ろうそくの灯がゆれる情景になったらしい。これを舞台側からながめると本当に美しいのだ。自分達の音楽文化を気楽に、しかも高いレベルで楽しむという態度は、何ともいい感じだ。

今これを書いていて思い出したが、七六年にアメリカのタングルウッドで小澤征爾さんの指揮でボストンシンフォニーと初めて演奏した時も、自然の森に囲まれた半野外の大きなホールだった。後ろの方の客は芝生に寝そべって、食べながら飲みながらシンフォニーを楽しんでいて、あの光景もカルチャーショックだったが。今回も当初は小澤征爾さんの指揮でやる予定で、小澤さんもきっとあのタングルウッドを思い出しての今回のプログラム構成だったのではないか。

ともかく、これで大役をひとまず果たし、一週間後のフィルハーモニー・ホール（小ホール）でのソロコンサートに向けてのリハーサルを始める。ホールの地下には個人練習用のブースがたくさんあり、その一つに太鼓のセットを入れ、大太鼓は大きなピアノ庫の方で練習することになった。

リハの間に楽屋の食堂で楽団員にあうと、口々に「この間は良かった！」と言ってくれるし、ホールのスタッフや警備のおじさんまで、僕にはすこぶる愛想がいい。ワルトビューネ効果てきめんだ。ベルリン・フィル自体はあのコンサートの後、夏の休暇に入ったのだが、生徒を持っている楽団員などはここで教えている。でも舞台は空いているので「好きに使っていいから」というようなことまで言ってくれた。役得、役得。

カラヤンがシャルーン氏に設計を依頼したこの斬新なホール「フィルハーモニー」、音のクリアなこと、音量の豊かなこと、なのにやかましくなく響きの美しいこと、どの席で聞いても一等席であること、など、世界のホール中屈指の名ホールだろう。オーケストラのための完璧なレコーディング・スタジオという言い方もできるし、名楽器だという言い方もできる。音が精緻な美術工芸品のような、目に見えるような感じがベルリン・フィルの演奏にはあるが、ここで常日頃弾いていることも大きい要因だろう。それほどに素晴らしい音響のホールだ。まさか、こういうホールでたった一人のコンサートを行なうことが出来ようとは思いもしなかった。

毎日、走って二十分ほどのその建物に通って練習し、本番前日ゲネプロ（本番通りに行う最終稽古）をやって演奏内容のチェックやビデオや録音のチェックをした。今回は、ビデオ収録とレコーディングをするというのも大事な目的だ。ここでの演奏が又、いつできるかわからない。

ビデオスタッフの一人、高坂君は僕の中学時代のバンド仲間「トンペー」の息子だ。赤ん坊の時に一回くらい会っているような気もするが、今は上背もあり、よく働くさわやかな青年になった。おやじに笑い顔がそっくりでなんだかしみじみする。

ドイツ人スタッフもゲネプロを見て気に入ったらしく、翌日のリハには家族を連れて来ていた。世界一のエライホールなのに、何となく今回は人も周りの空気も和やかで家族的で親しみがある。本番当日は、ベルリン・フィルのメンバーもバカンス返上で家族連れで来てくれたし、日曜でおまけにサッカーのユーロチャンピオンの決勝があるという最悪（!?）の日（ドイツ人の誰もがそれを口にして、気の毒がってくれた）にもかかわらず、ワルトビューネの僕の演奏を各新聞評が絶賛したせいもあって思いのほかたくさんの観客で席は埋まった。

こういうエライ場所でやる時は、ここがあのベルリン・フィルの……と思うと荷が重い。ここはこの間やった愛知県の扶桑文化会館だ、と思えばちょうどいい。逆に扶桑町でやる時は、ここはベルリン・フィルだ、客席にカラヤンがいる、と思ってやるとちょうどいい。しかし、演奏が始まると実はそんなことは何の関係もなくなるのだが、始まる前はそうやって少し自分をはぐらかさないと、たった一人の演奏に一歩踏み出すのはとても怖いものだ。前日のゲネプロでいい具合に力が抜けたせいか、この本番はまずまずどうにか無事にやりおおせた。

息を殺して見入っていた客席が、最後の大太鼓が終わったところでものすごい拍手に変わった。何度かコールに応えて出入りした後、アンコールで『貝殻節』を静かに始め、激しく打った後、また静かに終えたが、その後、ドーッという感じでスタンディング・オベイションになった。客席全員が立ち上がっている。ああ、良かった、何とか喜んでもらえた、という安堵が湧く。さらに、何回かコールに出てお辞儀をして、コンサートは終わった。

やはり、みんなが予想していたものとはずいぶん違っていたらしく、楽屋に来たベルリン・フィルのメンバー達を始め、みんなが驚きで興奮気味だった。「日本の太鼓グループ、あれはコマーシャル。ハヤシ、あなたはアーティスティック！」とホールの広報部長は青い目を丸くして自分のことのように得意そうに言う。作品を書きたい、と連絡してきた作曲家もいた。どう言っていいのかわからない、という感じが皆の表情にそれぞれあり、でもだれもが興奮していてその場を立ち去り難いといった風情で舞台裏にいるように見えた。

やれやれ、これでドイツでの大仕事が終わった。何とか逃げきった、という感じもあるが、あんまり肩に力を入れなくても、何とかなるようにもなった。肩にいっぱい力を入れてないとやれない時期もあったから。ま、いろんなことがあるが、また頑張って行きましょう。

長い長い夏の旅

2002・10

まだ夏の花が咲いているのに栗の実がはじけている。秋というにはあまりにも青々とした夏の名残ばかり目立つ野山だが、それでも木の実や涼しげな虫の音は律儀に秋の到来を教えてくれる。忙しい今年の夏だった。そして暑かった。とにかくずーっと仕事だった。もう忘れてしまって何も思い出せないほど働いたが、なんとか思い出してみると、六月は韓国にいたのだ。

下関から船に乗って、釜山からソウルまで列車の旅をした。そう、浅川巧さんが大正時代に朝鮮に渡ったのと同じルートを経験してみたのだ。その韓国は遠かった。玄界灘は思ったよりもずっと広かった。最新の大型フェリーで五～六時間かかるその距離は、小船で漂っていても簡単に行き来できるのだとばかり思っていた僕の意表を衝いた。いちばん近い隣国からでさえ我々は遠いところにいるのだ。この距離を渡った人々のことを、浅川さんのことを、十代で初めて下関に渡ったキム・ドクス少年のことを思った。

さて、そのドクスさんは国民的ワールドカップ・エネルギーで興奮状態。サッカーも気になるし、やっと実現した韓国での日韓音楽祭の客の入り具合も気になるし気もそぞろ。「ソウルの国立劇場で日本の太鼓が演奏されるのは初めてよ」と丸い目を大きく見開いて言う。日本文化の開放が行なわれていない韓国で、我々の韓国国立劇場公演は歴史的な事件でもあり、テレビ局のリポーターまで中継にやって来たのだが、当日はワールドカップの韓国対スペイン戦。しかもＰＫ戦で韓国が勝ったものだから人々は狂喜乱舞状態。どうも我々の歴史的快挙は影が薄くなってしまったようだった。しかし韓国の快進撃が続いたおかげでその後の各公演地でもお客様のノリが大変よく、公演終了後はサイン攻め。特に風雲の会、上田、小泉両名は子ども達に大人気で身動きがとれないほどだった。

七月の日本の六回公演では韓国公演とは少し内容を変えて、歌舞伎囃子の『道成寺』で韓国舞踊を舞うという試みや、韓国南道民謡『ヨッチャペギ』を津軽三味線と鳴り物で共演、といった新しい試みもやり、大津の「びわ湖ホール」で無事打ち上げた。

そのすぐ後、作曲家・松下功さんの五十歳記念コンサートでは、能の野村四郎さんと共演する形での『飛天遊』の演奏。さらに続いて、宮城県の七ヶ浜国際村で「若沖の翼」公演。帰京した翌日にオーストラリアに出発して、オペラハウスでシドニーシンフォニーと『飛天遊』の四回公演。その後、会場を変えてタイコオズ（TaikOz）との二回公演。

シドニーでは大きな僕のポスターが街中に貼ってあったせいか超満員で大変な評判になった。メディアの取材も多く新聞評も良かった。当日券を求める人が多くて開演が毎日遅れたほど。指揮者の湯浅卓雄さんは「日本人の作品を日本人の指揮者とソリストで四日間もやって大受けしているのに、日本人のメディアは一社も取材に来ない。ここは日本の大新聞の支局は全部あるのにね」と憤慨しておられる。確かに、日本のテレビニュースで毎回、大リーグの日本人選手の活躍ぶり（あるいは不振ぶり）を逐一報道する熱意に比べると、我々の分野は日が当たらない。それはともかくこの時シドニーは冬の真っ最中。冬とはいっても雪も降らないし太陽はまぶしいし、とあなどっていたら、あっというまに風邪をひいてしまった。ホテルでは暖房というものがあまり考慮されておらず夜が寒い。寝る時はいっぱい着込んで、ストーブや布団を借りてやっとしのいだ。

八月に入って帰国してすぐ青森市の国際芸術センター青森へ。昨年十二月にオープンしたこの建物は安藤忠雄さんの設計だ。市内に程近い森の中に、円形のギャラリー、工房、宿泊施設が建っている。「アーティスト・イン・レジデンス」という構想から生まれた新しいタイプのギャラリーで、既成作品を集めて展示する従来の美術館と違って、アーティストがそこに泊まり込んで新たな制作をし、そのまま展示発表できるという機能を持つ。館長の浜田剛爾さんが、英哲も何かやってみたらということで今回「森の惑星」という稲本正さんの展示とあわせて、何か作ることになったのだ。木の楽器作りのワークショップ、翌日はソロコンサート、そして今までの二十年間に舞台で折れた太鼓の桴458本を全部使って、展示作品を半徹夜で完成。その間に秋田・鷹巣町（現、北秋田市）の「大響祭」コンサート出演も挟んでの作業。その間ずっと東北地方は、これでもか、というほどの大雨が続いた。あちこちで被害も出た。安藤さん設計の水の舞台での演奏は変更になったが、ギャラリー内での演奏もかえって良かったと思う。安藤建築で演奏するのはこれで三度目。ひょっとするとこれは珍しい記録かも知れない。

慣れない〝前衛アーティスト〟っぽいことをやったので足や背中が痛む。アーティストも楽じゃない、と思い知るが、その痛みも残ったままで東京へ。青山・こどもの城でのワークショップ。三重県の神島の子ども達二十八名も上京してくれて、久々に元気な顔に会った。初めての東京でかなり緊張していたようだったが、演奏が終わってからはほっとした表情。都会はどんな風に子どもの目に映っただろう。

翌日一日で旅支度をしてニューヨークへ。九月公演の会場下見とプロモーション、それに現地の太鼓グループへのワークショップだ。アメリカ東部は日系人が少なかった地域なので太鼓はそれほど盛んではなかったのだが、近年は愛好者が増えた。指導者が少ないからか、ボストンやフィラデルフィア近くからわざわざ駆けつけたグループもあった。会場は、二十数年前、グループ時代に寝泊まりさせてもらった仏教会の地下道場。あの当時は薄暗くじめっとした地下に寝袋で雑魚寝しつつ、ブロードウエイの劇場まで走って通い公演をしていた。今はきれいに内装がされて、昔の面影とはかなり違う。ニューヨーク全体も本当にきれいになった。古い建物も洗い直してあるし、新築のビルも増え、観光客も多い。
月末に帰国して、九月早々、山下洋輔さんとのレコーディング。録音と映像収録を同時に行なうという前代未聞のやり方だったので、これも大変ではあったが、なにしろ相手が山下さんなら大船なのだ。スタッフは、大人数なので入り乱れて準備も収録も撤収もずいぶんと大変だったと思う。その間に群馬交響楽団と『風神・雷神』もあった。

今書いていて、これらの日程には全部リハーサル、練習、というものが前後に存在していたのだということに気がつく。けっこう、大変な日程である。僕は、あまり先の予定を理解していない。たいてい「えっ？　明日シドニーだっけ？」という感じで出かけている。だから何とかなっているのかもしれない。というわけで、これから夕方の便でニューヨークへ再度出発するところです。徹夜で原稿書いて飛行機で寝る、着いてからの時差はこれで解消ということなのであります。では。

ハヤシ、ヤマシタ！　2003・5

山下洋輔さんとの「乾坤価千金《けんこんあたいせんきん》」全国ツアーが、四月二十五日の東京オーチャードホール追加最終公演をもって無事打ち上げになった。

終わってみればあっと言う間の十七回公演だったが、その間に冬は去りイラクで戦争が始まり、桜を車窓から見つつ全国を回っているうちに戦争も一応の終結を迎えていた。今はもう二十五度以上の夏日もあるほどすっかり新緑の季節になっているのだから、それ相応の時間が流れたツアーだったのだが、しかし今回に限らずひとつの仕事を乗り切った後というのは、あっけなさばかりが感じられてちょっと空虚な感じになる。特にこの度のように大ベテランの山下さんと二人だけでツアーをするということは、僕にとってはかなり特別の高い緊張（スペシャル・ハイ・テンション）を伴う大仕事だったので、虚脱感もひとしおの今日この頃だ。

今回は、今まで続けて来たアンサンブルのツアーとは色んな意味で違いがあった。まず、お客様の層が今までとがらりと変わった。太鼓や民謡、邦楽などを好む傾向のお客様の割合よりも、洋楽志向でコンサートにもよくでかけCDなども色々聞いているという傾向の方々が目立った。つまりはジャズや山下さんのファンということでもあるのだが、そういう人々というのは、今まで僕のコンサートにはまず来ない、というタイプの方々だったのだ。初めて僕を生で聞いたという方が多かったと思う。

演奏も一対一の即興性中心の演奏だから、今までのように「アンサンブル曲を間違えないように稽古をする」というものとは質が違う。コンディションを高く、いつでもトップスピードで走れる態勢で、毎回が新鮮であるように臨んだ。共演を続けながら相手のその日の状態をこれほど注意深く聞き、反応していく、という体験をしたのも初めてだ。即興の面白さ、大変さを改めて感じた。毎回、同じことにはならない、というのはものすごく大変で、且つものすごく楽しくて面白い、という二律背反状態でもあった。

終演後のサイン会というのもほぼ初めてだった。僕の今までのコンサートではこれをやるのは正直辛かった。なぜかと考えてみたのだが、今までは言ってみれば「座長公演」だったのだ。心理的にも技術、体力的にも、自分で出来、不出来を背負わねばならないし、入場者数の伸びが悪いとプレッシャーにもなった。せっかくいい内容だと思っていても、観客の入りが悪いと主催者の方々の表情は曇るし、満席でさらに大喝采になれば関係者は皆幸せそうな表情に変わる。舞台のテーマも軽々しくは出来ないものが多かったし、そういうことをぜんぶ背負っていたので演奏し終わった後は、もうへとへとだった。

それが今回は演奏内容（芸風というべきか）が違うし、大ベテラン山下さんは何が起きても「大船」だし、自分でも意外だったが「大変だが楽」なのだ。スタッフ間でも「英哲さん、大変なんだろうけど凄いはじけてて楽しそう」とか、「毎回、もうそろそろ疲れも出てくる頃か、と思って見てるんだけど、どんどん調子が上がっていくもんだから、大丈夫かなあ、千秋楽まで持つかどうかかえって心配で……」と案じる声が出るほど、ずっと元気だった。プロだから舞台での調子を維持する要領は心得てはいるが、しかしこれはやはり、山下さんから有形無形のエネルギーをもらっていたのだろうと思う。それと今まで僕のコンサートには来なかったであろうお客様の喝采や笑い声、そのタイミングが違うのも新鮮だったし、終演後のサイン会で直接会い、反応を目の当たりにするというのも新鮮だった。

一般のお客様だけでなく、都市部では著名人の来場もかつてなく多かった。「山下洋輔文化圏」の著名ファンや、新聞記事が大きく出たのでそれを見て駆けつけて下さった僕の旧知の方々も多かった。大新聞全紙がこぞってこれほど大きくツアーのことを取り上げてくれたのは、僕の二十年間のソロ活動で初といってよく、やはり新聞（メディア）の力の大きさを思わざるを得ない。東京は追加公演まで完売になり、補助席まで出たのだから。

それにしても山下さんとの共演が、これほど長いお付き合いになるとは十八年前には夢にも思わなかった。「企画もの」という言い方が業界にはあるが、「ピアノと和太鼓の共演」などというものは「プロレスvs相撲」「アリvs猪木」くらいの、企画もの、的なニュアンスを最初は含んでいたはずであった。何度もありえることではないからこそ人様の興味を引く、限りなく一回性に近い「企画」だったはずだが、これは山下さんもそうだと思うが、実は当人はそうは思っていなかったのだと思う。一回しかない企画だからこそ可能性を試したい、という「本気」があったのだ。僕はそうだった。だから、初演が抜き差しならぬ演奏になり「あんな緊張感のある演奏会は初めてだった」（ピーター・バラカン氏評）と評判になり、その後も毎回、出会うたびに新鮮なぶつかり合いができたのだと思う。

十八年前のその頃、僕はソロになって三年めで、太鼓の独奏、ということで何が可能か、自分はソリストでやっていけるのか、技術的にそれが成り立つのか、観客に納得してもらえるのか、ということと格闘していた。当時はまだ僕のことを漠然と「ふんどしで太鼓を打っている人」と思っている人の方が多かった。あるいは「どこかの地域か集団で大勢で打っている内のひとり」ぐらいに思っている人も多かった。悪意や無知というより、太鼓打ちはそんなもので、それが当たり前だという認識しか一般にはなかった。「太鼓の演奏家」というような言い方は「刺身のあぶらいため」くらいあり得ない語感だった。太鼓ソロ奏者、などあり得るはずもない。残念ながらその状況は今でも大して変わっておらず、僕の演奏（独奏）を見たことのない人に限って「和太鼓はいいですねえ、大好き」とよくおっしゃる。おそらく大合奏スタイルの〝和太鼓〟をイメージされての言葉だろう。前例のない太鼓の独奏者として歩き始めた人間は、そういう普通の人々の「善意の認識」とも闘わなくてはならなかった。

初めて山下さんとの共演の話があった時、正直なところ一瞬、畏怖に近い感情が湧いた。トリオ時代に一度だけ見た舞台の凄さを思い出したからだが、同時に、自分がソリストとして喰っていくからにはこの人の胸を借りなくては、という気持ちも湧いた。当時はソロ演奏家すべてが、目標であり手本だった。山下さんとの共演は自分がもうひとつ向こうに突き抜けるための壁であり、越えなければならないハードルのような気もした。その頃も今もそうだが、ジャンルを超える、という感覚はなく、未経験の場所で何ができるかという「切羽詰まった本気」だけが僕の使える武具だった。

夢中でやったその共演が評判になり、海外での共演も重ね、いつのまにか十八年も経っていた。すでに「企画もの」は脱したはずだし、改めて全国ツアーといっても誰も驚かないのかと思っていたら「ほう、ピアノと太鼓ですか、珍しい」という反応が少なからずあり、それがメディアでの記事の大きさに繋がったのだろう。考えてみれば、取材に来る記者達は十八年前は皆、子供だったというような世代が圧倒的になっている。知らないわけである。時間が経つということは不思議なことだ。

客席の反応は地域で様々で、好評を頂いたアンコールの『貝殻節』では手拍子が湧くところもあった。民謡には手拍子、こういう日本的習慣が山下さんには大層、新鮮だったようだ。サイン会で「アンコール曲のCDはないんですか」とか「貝殻節で泣いた」とか声をかけてくださる方がいると、となりでサインしながら山下さんが「ねえ、いいでしょう、英哲さんのあの声がねえ」とか「シングル・カットして出そうか」とかおっしゃってる。「ボレロで泣いた」という人もいたし「一曲めのアクプントゥーラで鳥肌が立ったわ！」（おすぎさん）、わざわざワイングラスをサイン会場まで持ってきて「いやあ、今日はすごかったね、ほんと凄すぎっ！」と祝杯をあげているのが日比野克彦さん。最終東京公演ではサイン会が大盛況で、予定時間を大幅に超えてしまい、せっかくの打ち上げ参加者が減ってしまったのだが、ポスターデザインの浅葉克己さん、玉木正之さん、高田みどりさん、ピーター・バラカンさんなどから祝辞を頂き、さらに山下さんの紫綬褒章授章の発表も行なわれて、めでたさもひとしおの千秋楽になった。

さまざまな風を受けながら

２０１１・８

今年も猛暑の夏がやって来た。道場周辺の山々は深い夏緑一色になり、山道には満開の鹿の子模様の山百合が香り、木々の間ではウグイスも鳴けば、ホトトギスも鳴き、蜩《ひぐらし》もにぎやかに大合唱。分校跡の我が道場のトタン屋根には、太陽がじりじりと照りつけ、自然の中とはいえ尋常でない暑さだ。七月の関東は去年に引き続き最高気温が沖縄を超えるほど。それでも大型台風一過で山は急に冷え込み、夜は車のエアコンを暖房（！）にして走る日もあり、ゲリラ豪雨もあり。一瞬で激変する気候は、もう世界中当たり前のようになってしまった。

天候のせいか、当方も前向きになったり後ろ向きな気分になったりする。

東日本大震災の前から色々と無念なことが重なり、消えない耳鳴りのような、意識の底で鳴り続ける通奏低音のような深い終末感に襲われていた。ダンテの『神曲』（谷口江里也編訳、ギュスターヴ・ドレ挿画）を読んだのはそういう時期だったが、煉獄をめぐったダンテがやがて良き魂や光に出会い「忘れなさいすべての事を、開きなさい心を、やがて来るすべての良き事々のために」という天からのメッセージを聞く最後の場面に遭遇して、そうだ、過去の無念に浸るよりこれから先に向かって心を開かなければ、と思い直そうとした矢先、あの大震災が起こった。顰蹙《ひんしゅく》を買うかもしれないことを承知で言うが、あまりの衝撃に胸がつぶれそうになりながら同時に「助かった」と思った。自分の瑣末な問題とは比ぶべくもないもっともっと甚大な辛いことが、たくさんの人の身の上に起こったのだ。人生すべてを一瞬で奪われた人々が、それでもなお立ち上がり前向きに生きようとしているではないか、そのことを思え、と天から叱られたような気がした。自分は助けてもらったのだ、と思った。

しかし、そうは思いながらも意識の底の底には通奏低音が居座っていた。原発事故が尾を引き、これは自分や日本の終わりの始まりなのかもしれない、という重い感情がふと気付くと鳴り続けていた。阪神・淡路大震災の時のように激励演奏に出かける気力すら湧かない。世を挙げて「がんばろう日本」だというのに。

そんな七月、サッカー女子ワールドカップでなでしこジャパンが世界一になった。震災で逆境の日本のために、という志の気高さと気迫で勝ち取った初めての世界勝利だった。ああ、本当に奇跡のようなことが人の力で起こった。それまでプロ女子サッカーの存在すら知らなかった自分がその活躍に鼓舞される。主将の澤穂希《さわほまれ》選手が後輩に言っていたという言葉は、「苦しい時は私の背中を見なさい!」。

なんと凛々しい言葉だろう。かつて自分もそのように気負っていたことがあった気がするが、最近そんなことを思ったことがない。本気で思っていなかったのだろう。それなのに将来ある若者を指導したりしている。我が身をふがいなく思い、しかし、今出来ることをひとつひとつやって行くしかない、とも思い直す。若い女子サッカー選手たちは、人には必ず立ち直りも可能性もあり得ることを示してくれた。若者と希望は同義語だ。

道場に稽古に集う若者たちの健気さに励まされ、太鼓を打てばその仕事で励まされ、さまざまな風を受けながら五十代最後の夏を行く。

還暦御礼

2012・3

二〇一二年、二月一日から五日までの世田谷パブリックシアター「五輪具——あしたのために」公演が、無事、終了した。

今回は僕が初舞台から四十周年を迎え、さらに還暦の誕生日を迎えるということで企画された一日休みをはさんだ四回の公演だった。これは六十歳の自覚も覚悟もまったくない世間からズレまくった人生を送る本人のために、スタッフが「勝手にのほほんと六十を超えさせてなるものか」的パワーで約一年前に企画してくれたものだ。

約一年前、パブリックシアターを一週間押さえた(仮契約をした)という話を聞いた時には、本当にその歳になった自分に連続連日の舞台が出来るのか、と不安がよぎった。別に還暦だからそう思ったというわけではなく、今までもずっと、体の状態と闘い、表現と闘い、「出来るかな、やれるかな」と自問しながら、立ち向かってきた仕事だった。連続公演など、二十六歳の時ブロードウエイで確か二週間続けたのが最長で、ソロ以後は三日以上にわたる公演はほとんどやったことがない。

太鼓を舞台で「演じる」のは登山家や格闘家、マラソン選手の身体コンディションや心理に近いところがある。そのことはなかなか人にはわかってもらえないが、例えば、十数年前の大阪フェスティバルホール公演の時には、公演終了後、あまりの疲労困憊で楽屋にもどって一時間以上立ち上がれなかったこともあった。食事調整に失敗し、公演途中で燃焼し切ってしまったのだ。あのような状態になってしまったら、連日公演は成り立たない……そういうおののきが、今回はいつもより大きかったのは確かだ。一年先の自分のコンディションがどうなってるかなんて、自分にさえわからない。なにしろ「還暦は初めて（by長嶋茂雄）」だから。

だが、日程は決まってしまった。後は自分をなんとか「立ち向かうモード」に仕上げて行かねばならない。勇敢でも好戦的でもない自分を連続公演というエベレストに登らせるためには、練習しながら己にむかって「自分は出来る、自分は出来る」と唱えるしかなかった。

そういう体の不安を除けば、新しい舞台を用意されるのはありがたいことで、内容を構想するのは逆に楽しみでもあった。今回はゲストを招かず、太鼓だけ、弟子の風雲の会メンバーと自分だけの、素の太鼓勝負だ。

テーマの「五輪具」というのは僕の造語で、輪具は闘うリングのことであり、弟子達との、そしてお客様との勝負の場のこと、さらに五輪は地、水、火、風、空の宇宙の構成要素であり、消えては再生する輪廻転生——循環する「輪」の意味も含んでいる。

二年半前の東京芸術劇場（池袋）公演で試みた内容を、今回は連続公演ならではの演出刷新でやってみたかった。

当初考えたのは、舞台を実際にリングのような形にし、風雲の会メンバーとの格闘的な応酬を音楽にしてみよう、という発想だった。サンドバッグの音が使えないか、と思って試したり、リングロープを張る演出も考えたりしたのだが、実現がむずかしいことがわかって却下。結果的に、音響補正装置を兼ねた移動可能な四枚のパネルを結界（リング）の象徴として使うことにした。

あのパネルを単なる装飾だと思った方もおられようが、あのパネルに反響させることで銅鑼の響きや締め太鼓の音質はずっとクリアになるのだ。

今回、封印を解いて三十年ぶりに公演プログラムに取り上げた石井眞木さん作曲の『モノクローム』では、上空から太鼓が降りてくる演出にしたが、上空に太鼓が長時間あることで、空調で革面が乾き音程（ピッチ）もより高くなる。締め太鼓のかすかな響きが重要な曲なので、そういうことも考慮した。世田谷パブリックは音楽ホールとは違うので、太鼓の音をどう魅力的に響かせるかにも工夫が必要だったのだ。

一幕の演出は、遠いどこかの世界から、一人の若者（私ですが）があらわれ、ずっと走って来て自身を物語り、敵対する他者や、この島国をつなげる弟子達との作業や、様々な曲折の果てに、次世代の若者に未来を委ねて突然の終焉を迎える、という大まかなプロットだったのだが、おそらく見た方は誰もそのようには解釈出来なかっただろうと思う。

終演後、舞踏家の麿赤兒さんから「還暦だから最初の登場は老人だったねえ」と言われて、あぁりゃりゃ、老人に見えてしまったか、それなら世阿弥の夢幻能のようではないか、と思い、風雲の会の田代誠は「最初のシーン、生まれてくる子供みたいです」と、やがて親になる彼ならではの感想で、これも一興。いろんな解釈に読み解いてもらえるのが舞台の面白さだ。

二幕は、宇宙のビッグバン、人の誕生までの時の流れ、宇宙の様々な銀河の輪廻転生というようなイメージを構成した。銀河星雲の移動を大太鼓の大移動で実現したスペクタクル・シーンは、大太鼓正対打法のさまざまな魅力、音場、音響の変化を見、聞いてもらいたかったもので、連続公演だからこそ実現可能な演出なので、人手も（移動隊はリズムのわかる洗足音大の教え子達中心）手間も（つまり予算も）かかるのだがやることにした。

全編を、メロディー楽器も平均律も登場しない、私と風雲の会六人（＋音大ＯＢ二名）のメンバーの体技と太鼓演奏だけで通した。こういうシンプルな舞台を正面切って連続公演するのは勇気がいるが、これが出来なければこの仕事を四十年やってきた意味がない。太鼓と我々の肉体だけで表現可能な作品を創り、鑑賞に堪える舞台にしたい、それがこの四十年間の闘いだった――と言い切れるほど勇ましい人生でも性格でもないのだが、本音はそうだった。

公演の先行チラシにはこう書いた。

「太鼓による音楽と打法の両立を目指し、日本の伝統や精神性を現代の表現として『音』と『視覚』の両面で舞台化するという林英哲の歩みは、丸四十年を越えた。太鼓の奏法自体を考案し、一人きりで打つコンサートから、多彩なミュージシャン、舞踊家との共演、オーケストラとの共演、風雲の会メンバーを交えた大規模な劇的作品まで、その創作の足跡は、余人の歩まぬ独創の荒野だった。多くのエピゴーネンの中で、その道筋は見えにくくなってはいるが、英哲の音空間はさらに孤高に澄み渡っている。

『五輪具』は闘いのリングでもあり、地・水・火・風・空の我々の生きる宇宙でもある。四十年を越え、さらなるあしたのために、太鼓だけの攻めの舞台を風雲の会と共に挑む『あしたの英哲』にご期待下さい」

自分でここまで書くか、というようなコピー（宣伝文）だが、永六輔さんのラジオ番組に呼んで頂いた時「この文章が素晴らしい、誰が書いたの?」と絶賛して下さったので、仕方なく白状した。本当はこのように誰かに書いて欲しかったが、このような視点で（つまり創作する者の立場で）見続けてくれる評者はいない、というのが人付き合いの悪い自分の不徳で、逆に言えば評論は（他者は）よほどのことがないかぎり、そこまで踏み込めないものなのだろう。

だから、ずっと見続けて来た評論者の振りをして自分で書くしかなかった。自己憐憫だが、ひとり相撲の荒野はずっと荒野のままで、ちょっと悲しい。

それでも三階席まで連日満員のお客様においで頂き、盛大な拍手、声援を頂き、本当に嬉しかった。

不安だった自分の体調もすこぶる良く、日に日に元気になるほどだった。なんのかんのあっても、舞台で演奏するのがやはり自分には一番合っているのだろう。お客様の声援と弟子、スタッフにこんなに助けられたと思ったことはない。

六十年生きたというだけでこんなに多くの方々に祝福を頂き、励ましてもらえることが申し訳ないような気がする。本当にありがとうございました。

ナント、狂乱の日々

2016・4

雪になりそうな冷たい雨の中、沈丁花が咲いている。いつものこの時期なら、その春めいた甘い香りですぐわかるのに、今年の花は匂いもなくひっそり咲いているので気付かなかった。ずっと暖冬だったこの冬だが、フランスから帰ってみると寒の戻りかずいぶんと寒くなってしまって、花もとまどっているのだろう。もう四月の声を聞こうというのに春爛漫の明るさはまだ少し先のようだ。

さて、この二月はそのフランス、ナントで開催された音楽祭「ラ・フォル・ジュルネ」に出演しておりました。そのご報告などを。

ラ・フォル・ジュルネ、というちょっと言いにくいフランス語の祭典名は「狂乱の日々」と訳されているが、べつに乱痴気騒ぎをやるフェスティバルではなくて、一週間で三百五十近くものクラシック中心のコンサートを連続開催する途方もない音楽祭、という意味合いらしく、今年で開催二十二年目。我々にとっても四日間で六公演をこなすという、かつて経験したことのないハードな「狂乱」スケジュールで、いやはや大変だった。

ナントには初めて行った。これまでフランスといえば僕にとっては我が青春の「パリ」で、二十三歳のカルダン劇場デビューから、昨年三月、早稲田大学交響楽団との六十三歳のシャンゼリゼ劇場公演まで、ちょっと自慢げに「パリに住んでいた」と「尾ひれ付き妄言」が言えるほどパリには馴染み感があるが（尾ひれ、です、詐称にあらず）その他に訪れたことのある場所はと言えばリヨン、ニース、ランスなど。フランス大西洋側の都市は今回初だ。

パリから高速鉄道で二時間の、いかにもヨーロッパらしい中世の城を中心にした落ち着いた石畳の歴史地区と、近代的な都市機能が共存するナント市は人口三十万人。空港もあり「おいしいビスケットが有名です。楽しんで！」とエールフランスの客室乗務員は教えてくれたが、残念ながらその名物ビスケットを味わう余裕もないほど、大忙しの日々だった。

ナント言っても（ベタですみません）忙しさの要因は、四日間で六回公演という日程。

実は今回の我々の公演プログラムはそれぞれ別内容のA、B、C三種類あって、それぞれが四十五分から一時間以内という設定なのだが、それを四日間でB、A、A、A、C、Bと六回連続、つまり一日二回公演が二度ある、という日程だったことだ。しかも大きなイベントホール内の二つの劇場を行き来して演奏する日もあるので、太鼓もその都度移動させねばならない。さらに同じ舞台では時間差で他の演奏家の公演もあるので、セッティングや片付けなども毎回素早くやらねばならない、などの諸条件の中での公演だったのだ。余裕なしの全力全開。スタッフも風雲メンバー（上田、はせ、田代、辻）も大変だった。

朝十一時からCプロのオケ曲『飛天遊』をやって、太鼓を移動して夜は別ホールで風雲メンバーとBプロ『ネイチャーズ・リズム』をやって、その間、時間が空いてはいてもひたすら休養専一にして次の本番に備える、という具合。

中でもきつかったのは、初日前日のリハーサル。

この日はプログラムの三本すべてを一日でリハーサルするというヘビーな日程。しかも、フランス人スタッフが我々の演奏を見るのはこれが初めてなので、手を抜くわけにはいかず、演出も含めて本番通りすべてやって見せなければならない。それで、問題があればもう一回そこから繰り返して……のようなことが続く。

この日、最初のリハは『飛天遊』で、オケはポーランドのシンフォニア・ヴァルソヴィア、指揮はアメリカ人のロベルト・トレヴィーノ氏という国際的な初顔合わせ。僕の年齢やら諸事情やらを知らないとおぼしき若くて元気なそのマエストロが、リハの最後の最後に「それでは最初からもう一回」と言って休む間もなくまさかの全曲繰り返しをやった時には、正直なところ「死ぬかと思った」。

すべてのリハを終えた時には、一日六回公演くらいやった感じ。この年齢（六十四歳）でこんな重労働している奴、世界中で他にいないです、と自信持って言えるくらいヘトヘト状態で、それで翌日から初日――そういう五日間だったのだ。おかげでずいぶんと鍛えられて筋肉がモリモリになったわけです。

が、苦あれば楽ありで、このリハが功を奏したというかまずフランス人ステージ・スタッフに大受け（もちろんオケ・メンバーにも）。完全に目の色が変わって、進んで裏を手伝ってくれるようになったのだ。特に「親方」と呼ぶのがぴったりのごついおじさんのチーフ、モクタールさんは、がぜんやる気満々になって「俺にまかせろ」という感じで率先して指示を出し、大太鼓かつぎ上げや楽器移動などやってくれ、最初はコンサートホールなので絶対ダメだと難色を示していたAプロ『澪の蓮』ラストの花びらが散る演出も、あっさりOKに大変化。

今回のフェスティバル・テーマがNATURE（自然）ということで決定した『澪の蓮』なので、最後の花びらが降って来るシーンは僕としてもとても意味のある演出で、ヨーロッパ初演だからなおのこと削りたくなかった。なので親方の「手のひら返し」に胸をなで下ろす。

おまけに親方自ら花びらを散らすシカケまで作って天板に仕込んでくれ「どうだ、これならうまく行くだろ?」と自慢げ。

こういうスタッフ気質は世界共通だ。

当方のステージ・マネージャー塩谷とも大親友のように仲良くなり、地元ワインを差し入れてくれたり、こちらもTシャツをあげたりして日仏友好のカガミのような交流が舞台裏で繰り広げられたのであった。めでたしめでたし。

海外に限らず、知らない（アウェイの）現場でやる時は、この最初のリハでの「ぶちかまし」でその後の空気が一変することが多い。だからリハとはいえ実態はいちばん重要な本番のようなものだ。これが上手く行けば、後のことは大概スムーズに行くようになる。日本でもどこでも、これは同じ。

そして今回ありがたいことにこの激変効果は肝心の本番の観客席にも伝わり、シーンと食い入るように見つめていた満席の聴衆が演奏終了後には、はじかれたように総立ちの大拍手になった。何百公演と行われた今回の音楽祭で「全公演ソールド・アウトで、かつ毎回スタンディング・オベイションがわき起こったのはエイテツ・カムパニーだけだった」と言われたほどだ。

他のコンサートの演奏家たちも我々の評判を聞いたらしく、チケット完売にもかかわらず続々立ち見席に押し掛けてくるようになり、ピーピー、ワーワー大喜び。

終演後すぐに、ひげの怪しい大男が入って来て「ロシアにはいつ来るのか。来る気はあるか?」と唐突に大まじめに聞かれて、後でロシアの著名なピアニスト、ボリス・ベレゾフスキーさんだということがわかったが、びっくりした。以前モスクワでやった時も終演後、いかついおっさんにいきなり「赤の広場でやる気はないか?　金なら出すぞ、どうだ、やるか」的な問い詰めをされたことがあり、その人物がコンサートのスポンサー大企業の社長だったということもあった。

なんともロシア的出演交渉（あ、中東でも似たようなことはありましたね）。

それはともかく、この音楽祭の発案者でありプロデューサーのルネ・マルタン氏も大喜びで激賞してくれて、公演期間中に早々と来年の出演を依頼されてしまった。ありがたいことです。

さて日本からは旧知の尺八奏者、三橋貴風さんも出演されていてお互いの公演を聞くことができた。その三橋さんが我々の舞台を見た後、即行で興奮気味に舞台袖に入って来て「いやあ、間違いないね！　すごい！　これは間違いないね！」と満面の笑み。

僕のＣＤ「遙」でも共演した中国の二胡奏者姜建華（ジャン・ジェンホワ）さんも、夫君の琵琶奏者楊宝元（ヤン・ボウユアン）さんと、自身のコンチェルト後に我々の演奏を聞きに来てくれ、夫婦そろって大興奮！

「ほんとうにすばらしかった。これは日本の心ね、日本人の心と思いましたよ。小さな音も大きな音も、細かいところも、とても日本的ですばらしい！」

ふだんはもの静かなヤンさんも、

「日本人の心、素晴らしい。私は泣きました！」と頬を紅潮させ目をうるませている。

二〇〇〇年のベルリン・フィル・ヴァルトビューネ・コンサートの時もご一緒だったピアニスト児玉麻里、児玉桃姉妹も、今回はデュオ・コンサートで『春の祭典』などを演奏されたのだが（これが緻密かつ大迫力の演奏）、友人の演出家（フランス人？）などと見に来られて、ものすごく喜んでくださった。

「すばらしかった。無駄な音がひとつもないですね。音の小さいところから大きくなるところの表情など、信じられないほどすばらしかった。照明効果がなかったとしても、音だけで何の不足もないです」と、音楽家ならではの感想。

麻里さんの夫君、指揮者ケント・ナガノさんとは、ベルリン・フィルやモントリオール・シンフォニーなどでもう三度共演しているが、この時期、ドイツのハンブルク州立歌劇場で東日本大震災についての新作オペラを指揮されていたようだ（細川俊夫作曲、平田オリザ脚本「海、静かな海」）。

日本人にとって、日本人のパフォーマンスが海外で喜ばれている現場に立ち会うと、日本で見るより興奮度が高くなる、ということもあって皆さん喜んでくださった面もあるのだろうが、フランス人のお客様も興奮して、思わず会場の日本人の誰彼に話しかける、ということがあったらしい。

「あなた日本人でしょ？　すばらしかったわね。私は生まれて初めて聞いて涙が出たわ。なんとすばらしい。日本人はさぞ誇らしいでしょう」

こういう話を何人かから伝え聞いたし、実際、東京から来た制作会社の若い日本人スタッフは「僕はこのフェスに六回来ていますが、日本人であることをこんなに誇りに思えたのは初めてです。カッコ良かったです！」と嬉しそうだった。

と、まあ、自分たちが好評だったことをここまで自慢げに書くのは気が引けるのだが、ともかくせっかくフランスの音楽祭に招かれるのだから、スケジュールが厳しかろうが、きつかろうが、できることは全部やりましょう、ということで受けた出演だった。それがこうして喜ばれて、再演まで望まれるのは演じる者としては大本望。役目を果たせて良かった。

さて、年齢のことをちょくちょく書いたが、このナント滞在中に六十四歳の誕生日を迎えた。去年の体調を思うと良く持っている、というのが正直な自覚。

毎日時間がないので会場内レストラン（おいしい、さすがフランス）での食事だったのだが、この日ばかりは外のレストランで、皆でフランスらしいディナーを食べている時に、風雲メンバーやスタッフから大きな箱入りバッグがドッカーンとプレゼントされてびっくり。

これは皆と街歩きをした日に、歴史地区の上品なバッグ屋で手に取って、結局「まあ、荷物増やすことになるからいいや」とあきらめていたショルダーバッグ（でもちょっと心残りだった）をちゃんと見抜いていて、後からこっそり買いに行ってくれたらしい。なんとうるわしい師弟&スタッフ愛、大感激した。

我々は旅が多く常に大量の荷物を伴う仕事なので、スタッフもメンバーも皆バッグには、うるさいし、詳しいし、目ざとい。三拍子そろったバッグ目利きの彼らには、以前の誕生日にも戦争に持って行けそうなほど頑丈なドイツ製メタル・スーツケースをプレゼントされたが、今回のこのせっかくのフランス製バッグ、もったいなくてデビューが遅れそうな気がする。

ま、しかし、こうして太鼓打ち稼業、まるまる四十五周年の幕開けをめでたく元気にフランスで飾ることができて、本当にありがたいことだった。

去年のパリでのテロ事件もあって、無事に開催なるか、とも案じていたし、雨も多く朝は七時でもまだ電灯が必要なほど真っ暗、というヨーロッパ特有の冬の気候でもあったが、思い返せばなんだかとても明るい場所にいたような記憶。「狂乱の日々」という熱いタイトルのせいばかりでもないような気がする。

「風雲の会」誕生――風雲を巻き起こす英傑と弟子

２０１７・８

『あしたの太鼓打ちへ』を書いた当時、僕に弟子はいなかった。太鼓運びやセッティングはその都度、音楽業界で「ボーヤ」と呼ばれるアルバイト君を雇うか、自分で荷物車ハイエースを運転して運ぶことも多かった。東京に出て来た当初はまだ車も買えず、山手線の車内に太鼓や台を一人でかついで乗ったり、持てない量の時は「赤帽」の軽四トラックを手配し太鼓と同乗して仕事先に出向いた。マネージャーが現場を仕切ってくれるようになってからは、大きな舞台の太鼓は運送会社に頼むようになったが、セッティングなど、太鼓という特殊な「物体」「楽器」の扱いがわかる人材は音楽業界にはいなかった。

そうした状況を不都合と思わないわけではなかったが、もともと美術少年だった僕は、一人で絵を描くように打って行くつもりだったから「独奏者」を選んだのであり、自分の表現に直結する道具を自分で運び、道具を工夫し、アレンジし、自分の打ちやすいようにセットするのは当たり前と思っていた。

状況が大きく変わるきっかけになったのが、一九九三年日本たばこ産業のテレビCM撮影だ。セブンスターを〝日本の男のタバコ〟というイメージで描くシリーズCMで、大太鼓を力強く打った後うまそうに一服吸う、という役への出演依頼が僕にあった。

僕は二十代の時に禁酒禁煙をはじめとする数々の規律がある集団にいたのだが、その集団の呪縛から逃れて東京にひとり出てからはタバコを吸うようになっていた。自分の中では一種の〝堕落〟だったが、当時の音楽業界では吸うのが当たり前で、特に音楽スタジオ内では紫煙で霧がかったようになるので、逆に吸った方が楽だった。当時の僕は酒もほとんど飲めなかったので、色々と苦労していた対人関係や仕事の心理的不安をタバコで解消していたところもある。だが次第に息が切れ太鼓を打つのがきつくなり、激しく打つと顔面蒼白になり冷たい脂汗が流れるようになった。これでは職業人としてだめになる、何度も挫折した挙句、必死の思いでやっと禁煙に成功した、その直後の出演依頼だった。

俳優なら役と割り切って吸うこともできたろうが、僕自身が自分の顔を出すCMで、苦しんでやっと止めたタバコを吸う役をやるのは、この時は無理だと思った。映像イメージもかつての集団時代そのままで、白ハチマキに紺の腹がけの太鼓打ちの周囲を、ふんどしの若者たちがもみ合う祭りの中、というロケ設定だ。集団時代の映画のシーン（篠田正浩監督『佐渡ノ国鬼太鼓座』）が脳裏をよぎり、あの集団の、あのイメージから脱却したいと思いながらどうにか生きている僕が、かつての自分のパロディのような役をやり、タバコをうまそうに吸い、その姿が毎日全国へ流される……とうてい無理だった。

撮影監督は操上和美《くりがみかずみ》さん、名写真家で作品は大好きだったし、操上さんも僕を撮りたいとずいぶん口説かれたのだが、このコンセプトがスポンサーの希望なら自分にはできない、断るしかなかった。苦い決断だった。

その代わり太鼓シーンの音楽作曲や指導はできるから、太鼓打ちを誰か選んでやらせましょう、ということになった。これがのちに弟子アンサンブル誕生につながるのだから結果的には良かったのだが、ＣＭを断った胸の内は誰にも正直に言うことはできず、結局、理解されないままだった。

余談だが、芸能的な仕事をしている人間でこんな予算規模の大きなＣＭ出演を断るタレントも芸能事務所もあり得ないらしく、事務所周辺では「もったいない、世間知らずにもほどがある」とあきれられ、一方の広告代理店界隈では「英哲はＣＭ出演にうるさいらしく使えない」という風評になったのかどうか、それまでぽつぽつあったＣＭ出演の問い合わせが、以後ほぼ途絶えた。

このセブンスターの大型ＣＭ企画、日本の太鼓打ちシリーズは一九九五年まで三年間続いた。僕は太鼓指導役の裏方として仕事をした。一年に一本、まるで映画を一本撮るほどの規模でロケをやり、大群衆を使い、サブストーリーの恋愛物語のドラマシーンも撮った（俳優の杉本哲太が都会に出た太鼓打ちで、故郷の祭りで恋人の江角マキコが待っている、という設定）。

三年目に、これがタバコのテレビCMとしては最後なので（海外で広告規制が厳しくなったため会社の判断）思いっきり太鼓打ちを登場させようという提案が通って、十三台の大太鼓を険しい雪山を背景に打ち鳴らすことになった。この時全国からオーディションして集まった屈強な打ち手が、後の「風雲の会」初期メンバーだ。

撮影のために作った三十秒の曲『七星』は、十三台もの大太鼓を使うという点でも、それを大合奏するという点でも史上初の曲だった。合宿しながら全員の構えや動きの指導をし、曲の練習を重ねた。男らしい筋肉を見せる、というのもCMのねらいだったため、それぞれが筋トレの特訓を重ねた。この演奏が撮影所でスタッフに大受けだったのだ。それならと、その後長い舞台演奏バージョンに仕上げ、舞台で度々演奏するようになっていった。

出演メンバーは全国各地で職業を持ちながら打っている青年たちなので、演奏の度に適宜集合するユニット形式のチームとすることにし「英哲風雲の会」と名付けた。「風雲の会」という言葉はそのまま熟語として広辞苑にも出ており「竜が風雲を得て勢いを得るように、英主と賢臣とが出会うこと、英傑などが時機に乗じて志を遂げる好機」というなかなか勇ましい意味がある。僕は辰年生まれでもあるし、初めて結成した弟子アンサンブル名としてはいいじゃないか、と思い名乗ることになった。

その『七星』を一九九六年、阪神・淡路大震災の一周忌イベントで演奏した時、初めて加わった若者たちがいる。CMの時は、タバコの広告なので二十五歳以下の若者は使わない、という会社の自主規制がありメンバーに入れなかった二十歳前後の若者だ。

その中から「東京に出て本格的に弟子になりたい」と言ってきたのが上田秀一郎だ。神戸の高校時代は反抗期でやんちゃ真っ盛りだったらしく、「あれだけ〝やんちゃ〟やったのに太鼓だけは真面目にやるようになって、人の言うことも素直に聞くようになりまして、親が、ほんま泣いて喜びましたわ」と、指導した高校の音楽教師松村先生が熱を込めて言うのだから、かなりだったのだろう。

高校生の時、震災被災者へのボランティア演奏に度々出向き、避難所の人たちが涙を流して感謝してくれたことが彼を目覚めさせ、太鼓を仕事に、と思うようになった。そして同じく高校の太鼓仲間の木村優一もプロ志望で、この二人を弟子として僕の舞台で経験を積ませることになった。

そうしているうちに『あしたの太鼓打ちへ』を読んだ若者が弟子になりたいとやってくるようになり、国立静岡大卒で教員資格を持つ長谷川知紀（芸名はせみきた）、『あしたの〜』がマンガ以外で初めて読み通した活字本、という福岡の空手青年・田代誠、時期が前後するが東京出身の太鼓青年、小泉謙一、三重の服部博之、福井の谷口卓也、ずっと後世代の福岡の辻祐も『あしたの〜』を読んでプロを目指し上京して来た。

それまで孤独と向き合う打ち手だった僕が、思いがけず連れ合う若い打ち手を得、しかも彼らを育てる立場になった。

大人数で打つ太鼓の形式は「組み太鼓」と呼ばれる戦後生まれの芸能で、伝統とは違う土壌から生まれており、僕が目指すものではなかった。前にも書いたように、もと美術少年だった僕は、一人で絵を描くように打って行くつもりだったから「独奏者」だったのであり、弟子を持ち集団化することは、ある意味避けていた、というより視界に入らない埒外のことと思っていた。それがそうも行かなくなった。若い彼らは、僕の太鼓に魅了され、太鼓に救われて社会に出て生きていこうとしているのだ。

僕に師匠の資質があるとはとても思えなかったが、彼らが打ち手として生きていけるように、僕の目と感覚でわかることを教え、できるだけ多様なプロの現場を経験させれば勝手に学んで育ってくれるだろう、それを期待した。

その彼らが、いつしか当然のように運搬やらセッティングをやってくれる——本という音のない一滴がきっかけとなり若人の輪が広がっていく、不思議な水輪を見るようだった。

弟子のための曲、つまり彼らと共に演奏する舞台用のアンサンブル曲が新たに必要になった。それで創り始めた舞台用の一連の作品群が「美術家シリーズ」だ。

一九九八年の「万零《まんれい》」——写真家、美術家のマン・レイをモチーフに構成。九九年「若冲の翼」——伊藤若冲の作品と人生がテーマ、この時まだ若冲を知る人は皆無。二〇〇〇年「光を蒔く人」——孤高の洋画家、高島野十郎がテーマ。二〇〇一年「澪の蓮」——大正から昭和初期に朝鮮半島で植林研究をしつつ朝鮮工芸の収集、研究、紹介をした日本人、浅川巧の人生がテーマ。

二〇〇四年「レオナール　われに羽賜《はね》べ」――洋の東西で割れた評価に苦しみ、フランスで没した洋画家、藤田嗣治の人生がテーマ。二〇〇六年「空海千響」――ルネサンス的マルチ才能の芸術家ともいえる弘法大師、空海がテーマ（この後、「大地千響」「人智千響」と三年に及ぶ三部作になった）。二〇一四年「迷宮の鼓美術少年」――若き日の英哲が憧れた美術家、横尾忠則の作品と人生に、英哲の人生を重ねた作品。

この六作のほかにソロ演奏での美術テーマ作品が、二〇一二年「光の門」――ダンテ作ギュスターヴ・ドレ画の「神曲」がテーマ、二〇一四年「槐多の残照」――二十二歳で早世した大正時代の画家、詩人の村山槐多《かいた》がテーマ、二〇一六年「コーネルの箱」――箱に収集物を詰める作品で知られるアメリカの現代美術家、ジョセフ・コーネルがテーマ、の三作がある。

美術と太鼓と弟子が、何の関係があるかと思われるだろうが、僕にとっては、太鼓は美術の延長だったのでテーマとしては何の不思議もなかった。舞台は立体的な額縁、と思えば、演出や太鼓の配置、打法やフォーメーションなども、ある程度イメージが湧く。そしてそういうビジュアル・イメージよりも重要だったのが、ひとりの美術家の「生き方」だった。太鼓打ちのロールモデル（手本）を持たない僕にとって、美術家の人生は「お手本」だった。不遇で無名な美術家を好んでテーマにしたのも、超有名でも大富豪でもない太鼓独奏者にとって、我が身を重ねやすかったからだ。弟子たちもそれぞれがプロの表現者として歩んでいくからには、不遇で無名であることを覚悟しなければならない。この道は、そういう道だということを感じてくれれば、との願いもあった。

幸いこの一連の作品は大好評で迎えられ、太鼓と美術、という異質の取り合わせが、驚きをもって受け取られ、近年のフランス公演でやった「澪の蓮」も熱狂的な高評価をもって迎えられた。

日本の太鼓だけで、太鼓の打ち手だけの舞台で、これほど劇的で精神性の高いストーリーが表現できるとは、という驚きの声もあり、表現の真意が通じたことに僕も励まされた。これが、僕のやりたかったことだった。そしてこのアンサンブルが可能になったのは、この弟子たちがいてくれたからだ。彼らの成長がなければ、美術家シリーズは成り立たなかったし、舞台のクオリティも充分に高められなかっただろう。誘ったわけでもないのによく集まり、育てたつもりもないのによく育ってくれた。

ふり返れば、一人で箱を叩いていた幼い中学生が、美術を目指して歩き始め、迷走の舟に乗り、思わぬ浜辺に打ち上げられ、再び一人で歩いているうちに周囲や弟子たちに支えられるようになったという道が、はるか遠くに、でもはっきりと見える。「英哲」という意味は「すぐれてさとくかしこいこと」(広辞苑)、その英哲が風雲を得て勢いを得る「英哲風雲の会」、いささか自画自賛だが、改めて眺めるといい名付けだったとしみじみ思う。

Ⅳ 太鼓記

こうして僕は太鼓打ちになった

１９９２・11

一

僕が生まれて初めて、楽器らしいものを演奏したのは木琴でした。

寺で生まれた子供です。

本堂には音の出るさまざまな仏具があったので、かすかな記憶では、磬子《きんす》（座蒲団つきの台に乗っている大型の丸いカネ）に頭をつっこんだり、鐃鈸《にようはち》（シンバル型の仏具）を叩いたりして遊んでいたと思いますが、楽器として演奏したのは木琴で弾いた「シャボン玉」が初めてです。

小学校の二年の時でした。

買ってもらった白木の鍵盤の木琴は、当時はなかなかおしゃれなもので、これをよその子が持っているのを見て親にねだった覚えがあります。

その白い木琴で、教室で指名されて胸をどきどきさせながら、一人で「ドドドレミソソ……」と弾きました。

僕は幼稚園くらいの時から自意識が強かったのかどうか、赤面恐怖があって、人前で何かやる時、必ず、目も潤むほど真っ赤になるほうで、心臓の音がドッキン、ドッキンするのが聞こえてくるくらい上がるのが常でしたから、きっとその時も、緊張で耳まで真っ赤になって弾いたはずです。

その時は、どうにか無事に弾き終えて、リズムが大変しっかりしている、と先生にほめてもらった記憶があります。緊張しながらも、休符をきちんと意識して弾いたことは、はっきりと覚えていますから、既にその頃から今日の片鱗《へんりん》が……と言うと、まあ、出来すぎの話ではありますが。

その次にやった楽器はというと、五、六年生頃のウクレレ。これは当時、銀行に勤め始めた上の姉が買ってくれたような記憶があります。これで教則本を見て練習するなんてことを始めるわけです。後年、ギターもやってみたのですが、手が小さくてうまくいきませんでした。

歳の離れた兄姉がいると、音楽の影響も受けやすいもので、姉たちはピアノを習ったりコーラス部に入ったりしていましたし、母が娘時代に使っていた琴や三味線も家にはあり、大人が集まって大騒ぎをする宴会の時は、その三味線が活躍するような妙ににぎやかな、変な寺でした。

蔵の中には、上の兄たちの趣味と思われる映画音楽のSPレコードや、パット・ブーン、ダイナ・ショア、江利チエミ、父母の趣味であろう戦前の広沢虎造の浪曲『清水次郎長伝』シリーズ、東海林太郎や神楽坂はん子の歌謡曲、戦意高揚唱歌『兵隊サンヨアリガタウ』のようなものまであって、そんなものを古い蓄音機でガリガリ聞いて遊んでいました。

クラシックは下の姉が、学校から勝手に持って来たカラヤン指揮の『運命』と『未完成』の一枚だけがあって、これは空で歌えるほど聞きました。

そういう音楽と、読経が流れる環境だったわけです。

両親は、音楽を特に奨励もしないかわりに、禁止する、ということもなく、まあ、年齢的にも孫ほども違う最後の子供ですから、たいていのことは放任してくれました。

「お前は、親と一番縁が薄いんだから、何になってもいいが、一人で生きて行くつもりだけはしておけ」というのが、何も説教らしいことを言わなかった親父の、唯一記憶に残る言葉で、上の兄たちのような万事親掛かりのようには、お前の面倒は見れぬ、ということを親父は言いたかったのでしょう。

確かに、八人の子供を育て上げるのは、田舎の住職と高校教師を兼務して頑張っていた親父にしても大変なことで、ことに最後に授かった子供の行く末を、どこまで親として見てやれるかは、自分が老いを感じる中で、よけいに気にかかったのだと思います。

僕は、絵を描くのが好きで、もの心がつくかつかないかの頃には、奥の書院の襖に、太い筆に墨を含ませて、くろぐろと大きな丸を描いたりして親をあわてさせていましたから、わりに小さい時から美術方面に行くような気でいましたが、親父は音楽にも美術にもまるで関心がなく、そういうことが好きな活発な母とは対照的な人でした。

僕がドラムに関心を持ったのは、小学校で鼓笛隊を結成する時で、その時に本当はやりたかったのですが、つい、手を挙げそびれてしまいました。

確か五年生の時に、鼓笛隊のメンバーの希望者を募る話を先生から聞いて、とにかくドラムだ、と思ったのですが、それが軽い気持ちなら手を挙げられたのに、結構、本気だったので恥ずかしいような気遅れがあってドキドキしてしまい、結局、手を挙げることができなかったのです。

その時になぜ、ほかの楽器よりドラムをやりたかったのか、よく分かりません。

ただただ、衝動のようにドラムをやりたかった記憶だけがあります。

直接の動機かどうかわかりませんが、今となってみれば、いくつか思い当たる原因のようなものはあります。

僕の町には神祇《じんぎ》と呼ばれる子供の打つ祭り太鼓があって、何年生かになると近所の男の子はみんなその練習に行くのですが、寺の子はそういう行事に参加しないことになっていました。秋祭りの言わば、農業の神事ですから仕方がないのですが、何となく損をしたような気がしたものです。

神祇に出る子は、祭りの当日には学校を早退してみんな行くのです。先生の公認なので堂々と誇らし気に早退できる連中が羨ましかった。

その太鼓を特にやりたかったわけではないのですが、祭りの時期には、夜の闇の中から聞こえて来る遠い太鼓の音を、幾晩も聞くだけなのが、子供心に何とはなしに寂しいような気はしていました。

僕にとっては、祭りは遠くで聞いたり眺めたりするもので、参加するものだったことが一度もありません。田舎で生まれたのに、故郷喪失感のような感じを持つのは、そのせいでしょう。

それが、ドラム――土地に根ざさない外の文化――に意識を向けさせる一因になったような気もします。

もうひとつはコンプレックスで、僕は、ずっと体が学年でほとんど一番小さかったし、それにスポーツがまるでだめで、鉄棒もマット運動も走るのも何一つ人並みにできるものがなく、自転車にも乗れず、草むらを通ると全身がかぶれてしまうようなアレルギーの強い子供だったので、そういう劣等意識も手伝って、何か人にできないことで見返しをしたい気持ちがあったのかもしれません。

二

中学に入って、ビートルズを初めて聞いてから、とうとうドラムをやる気になりました。音楽を、自分で意識して聞いた初の経験です。

上級生から借りたたくさんのドーナツ盤の中で、ビートルズの『シー・ラヴズ・ユー』のイントロのたった二拍のタムタムの音が、いたく印象に残ったのですから、初めて影響を受けたドラマーはリンゴ・スターということになります。(1)

教えてくれる人はいなかったので、最初は、教則本を読みながらダンボール箱を叩くことから始めて、そのうち小遣いをためてスネアドラムをやっと買って、中二の時、仲間と作ったベンチャーズスタイルのエレキバンドで、スネアひとつでズンドコ、ズンドコやっていました。

高校に入ると、仲間はそれぞれ別の高校に進学して、もうバンドは新たにはやっていなかったのですが、ちょうどグループサウンズ全盛の時代です。

僕は、ドラムのフルセットがどうしても欲しくて、小学校の時から親父の手伝いをして盆と彼岸の棚経《たなぎょう》（檀家を拝んでまわるお勤め）で貰った御布施を全部はたいて、一番安いパールのドラムセットを買ってしまい、カーナビーツのアイ高野の「シンバルで手を切って血だらけ、倒れるまで打つ」ドラミングの影響を受けて、本堂の先の雨戸を締め切った座敷で、一人で16ビートの習得に励んでいました。

別にグループを組んで音楽をやるつもりも、プロのドラマーを目指していたわけでもありませんが、きっとその頃の同世代が、既に技術を持ったプロとして生きている生き方に、刺激され、気になってもいたのでしょう。


僕は、音楽は好きでしたが、それで生きるつもりは毛頭なく、それよりもなんとかデザインの方面で、自分の才覚を生かした「プロ」になって生きたい、そう思っていた頃なので、自分の能力を生かしてその道で喰える、ということには強いあこがれがありました。

長兄のお嫁さんが、美術大学出身だったことや、その頃出版された横尾忠則さんの自伝的エッセイ『一米七〇糎のブルース』や、『美術手帖』に連載されていた池田満寿夫さんの「私の調書」

を読んでいた影響もありました。

田舎の高校には美術の専門の先生がいなくて、まともに指導を受けるチャンスがなかったので、そういう本からの情報や、広島の予備校の夏期受験講習などに通ってデッサンや平面構成などを習ったりするのが、唯一の美術への窓口でした。


親がたくさんの子供を育てるのに、次第に疲弊して行く様を一番下の僕は見て育っていますから、無理は言えない立場でした。しかし、そうは思っても末っ子で甘やかされて育ってもいて、親を当てにする方法しか知りません。

美術で喰える、何の確証も手掛かりも自信もなく、そういう未来への不安や苛立ちに耐え兼ねて、うっぷんをぶつけられるのは唯一ドラムだけでした。

バイクを乗り廻したりスポーツで発散するタフさも持ち合わせない僕にとって、ドラムはそういうものでもあったのです（高校生になって、自転車に乗れないのはお前みっともないぞ、と言ってくれた友人のクロやヨコトの協力で、夜中に必死の練習をしてやっと乗れるようになった。バイクの免許も取ったので、一応、乗れるようにはなっていたが、危なっかしくて、どうもテッチャンやキタのように夢中にはなれなかった。今はその連中も、故郷で立派なオトーサンになっている）。

さてともかく、美術大学を受験することになって、上京した東京でミュージカル「ＨＡＩＲ」

を見て、生のロックを初めて聞き、その低音の音量のすごさに驚きました。その時のドラムは石川晶さんです。

受験の帰りに大阪万博でサミー・デイビスJr.のショーも見ています。白人のドラマーがなかなかカッコ良く、もちろんサミーのドラムコーナーもありましたが、エンターテインメントになりすぎていて、ドラムの印象はそれほど強くありません。

まあ、受験に行って、こんな有り様ですから、美大に受からなかったのも無理はありませんが、失敗の原因は、生来の上がり性にも一因あって、全国から集まったひと癖もふた癖もありそうな、妙ないでたちの浪人生に囲まれた学生服の僕は、緊張と不安のあまり課題のデッサンを描いたり消したりしているうちに時間になり、まともなものが提出できなかったということもあります。

あの状態での受験は無謀なことだったなあ、と今では思いますが、当時は本気で受かる気でいたのです。

何も知らないことだけが、原動力でした。

さて、失意のうちに東京で浪人生活を送ることになり、横尾忠則さんが参加するイベントがあると聞いて、のこのこ東京から佐渡島に出掛けたのが運命の分かれ目になってしまうのですから、人生は妙なものです。

三

僕が浪人中の十八歳の夏（一九七〇年）、佐渡で「おんでこ座夏期学校」という催しが開かれました。

佐渡島の芸能を見たり、歴史、文化を学びながら一週間を過ごす、という若者向けの企画で、講師として、武蔵野美大教授で民俗学者の宮本常一、同教授のクラフトデザイナー島崎信、永六輔さん他の方々が参加、他に小田実、そして横尾忠則さんも講師だということを永さんのラジオの深夜放送で聞いて、横尾さんを神さまのように思っていた僕は、一も二もなく申し込む気になりました。

予備校に通いながらアルバイトをした中から、一ヵ月分の稼ぎ、確か九千円の参加費用を用意しました。喫茶店のコーヒーが一杯百円、バイトの時給が百五十円、民宿一泊が千円ですんだ時代です。九千円で神さまに会えるなら、安いものでした。

ところが、実際に佐渡まで出掛けて、日程が進み、残りの日が少なくなっても、ついに横尾さんと小田さんは来られず、後年、横尾さん曰く「雨かなんか降って、行くのがイヤになっちゃったのね」というわけで、出会いの期待は夢に終わってしまいます。

佐渡の郷土芸能にも文化にも、もともと興味があったわけではないので、これには非常に落胆しましたが、実はこの催しで横尾さんに会えない替わりに、僕の運命を変えることになる人物と会うことになります。

それが、田耕《でんたがやす》氏でした。

「おんでこ座」（佐渡の郷土芸能、鬼太鼓――おんでえこ――からのネーミング。初期はひらがな表記だった）というのは、この田氏のアイデアで始まった運動体で、佐渡の若者が島を離れ出て行く現状を救うために、佐渡の若者を中心とした太鼓と人形芝居のグループを結成して、将来、佐渡に日本海大学と呼べるような職人塾を作る、という構想を持ったものでした。

まだ正式な活動は行われていず、この夏期学校は、その活動メンバーを募るために企画されたものだったのです。田氏は島の出身者ではなく、全国を「放浪」中にたまたま佐渡を訪れて、島の現状を憂慮しての発案だったようで、若い頃の学生運動や、民族歌舞団「わらび座」のメンバーだった経験からこれを思いついたようです。

大学の設立資金を集めるために、日本の芸能や太鼓で世界中を公演して回り、七年後に大学を作って解散する、というのがその計画の骨子でした。

その話は、夏期学校の日程が全部終了した最終日に、それまで進行係のようにしか振る舞っていなかった田氏によって、初めて参加者に明らかにされました。

田氏は話術に長け、妙に説得力のある話をする人でした。

当時、三十八、九歳だったと思いますが、一見二十代の青年のようにしか見えず、太った丸顔で情熱的に話す様子は、夏期学校に集まった若者――全国から集まった四十名弱のほとんどが大学生――の心を上手に摑む術を充分に心得ているように見えました。

世は、大学紛争の嵐が峠を越えかけてはいましたが、まだくすぶっている頃で、このまま大学に戻るより新しい大学を自分たちの手で作る夢に賭けないか、という言い方は、その頃の若者には、充分、魅力的に聞こえたと思います。

その計画は、当時の僕には、正直なところ現実感のない話でした。

浪人中でしたから、そういう大学があれば自分が入ってもいいかもしれない、とは思いましたが、そのために太鼓をやるという話は、自分とはあまりにも違う世界のことのような気がしました。

ですから一週間の日程が終わり、親しくなった参加者の数人と、興味半分でおんでこ座の宿舎に泊めてもらったりはしましたが、僕は、再び東京の予備校生活に戻りました。

この後、この夏期学校の参加者の中から六人が、大学や職場をやめてその計画に参加することになったようで、彼らは東京に準備のための事務所を設けて、文化人や有志に設立の資金援助を求める活動を始めていました。

僕は、佐渡以後、親しくなった彼らとの交流を通じて、田氏に接する機会が次第に増えてゆきます。

「あんたらが大学解体を言うなら、自分たちの手で、自分たちが学びたい先生だけを呼んで大学を作ればいいんだ。本来、大学というものは、そういうものだったはずだからね。今の、あそこにもここにもある大学は、その地元のことについて何も教えていない。地方からものを発想する大学があっていいはずなんだね。最もナショナルなものが最もインターナショナルになるはずだからね」

そのために選んだ佐渡である、田氏はよくこういう言い方をしていました。

「東洋の端っこの日本が、世界の文化の吹きだまりなら、日本の中にあって佐渡は同じような立場で、最も辺境にある。ビートルズがヨーロッパの端の島国から世界へ羽ばたいたのなら、佐渡から世界へ出れないはずはないんでね。彼らが四人で四千億稼いだのなら、我々にだってできないはずはない。最も辺境だからこそ、最も可能性があるんだ」

当時、後継者が少なくなっていた伝統工芸を受け継ぎ、しかも世界へ向かって開かれた国際的な人材を育てる、という田氏の大学構想は、彼独特の熱弁で語られると、ひょっとすると実現するかもしれない、気宇壮大で理想的な計画に思えてきました。

ビートルズを引き合いに出されたのも効きました。

僕は次第に田氏の考え方に影響されていきます。


「英哲はグラフィック・デザイナーになりたいというが、毎年、美大にたくさん学生が入って、皆と同じような教育を受け、その後何人がその分野で名前が残せるのかね。生き残ろうと思うなら、人並みの能力で人と同じ勉強しても無理だろ。世界を見て回り、他人と違う経験をする中で、自分独自の方法論を持つことのほうが絶対有利なはずだよ」

僕に参加を勧めた時の言い方は、こういうものでした。


――七年間の活動後、大学を設立してグループは解散し、残りたい者は大学に残るのもよし、自分の道に進むもよし、デザインはそれからだって遅くはないだろう――。

田氏の影響で、次第に大学へ進学する気も揺らぎ始め、予備校の指導にも嫌気がさしていた僕は、次の年、とうとう受験を止め「美学校」という小さい塾のような学校で細密画の勉強を始めていました。手に職をつければ、何とかなるかもしれないと思ったのです。

同じ年の春には、いよいよ、おんでこ座は田氏を含めた十一人で佐渡の合宿生活を始め、七年計画のスタートを切っていました。

その佐渡から突然の電話があったのが、その年、一九七一年の四月です。

僕は美学校で、博物画の第一人者、立石鐵臣《たていしてつおみ》先生の指導を受け、細かいペン画の課題を描いていた頃です。

おんでこ座の機関紙を作りたいので、そのレイアウトをやってくれないか、という電話の内容でした。都合のいい時に一度、佐渡に来てくれないか、ということで、五月の連休を利用して佐渡に行くことになります。

ひょっとしたら、デザインの初仕事になるかもしれない、と思って行く気になったのですが、これが今にして思えば、田氏流のやり方の上手さでした。

佐渡で、十一人が合宿生活をしている古い元病院の建物では、僕が滞在している間に、北陸の太鼓を指導する下村さんやら、京都からは藤舎呂悦さんやらがみえて太鼓の稽古が始まっていました。レイアウトの相談をする時間などどこにもなく、僕も、合宿だから皆と同じように、ということで、なぜか、走るのも太鼓の稽古もやらされることになり、ドラムの心得があったばかりに、初心者ばかりのメンバーの中で一番上手いということになってしまいました。

「お前は筋がいい」と、先生方にも言われる始末です。

これは妙なことになってしまった、と思いました。


結局、その時は機関紙の件は棚上げになり、夏にもう一度ちゃんとやるからまた来てくれと言われて、交通費をもらってしまい、その言葉を信じて夏休みにまたもや出掛けることになるのですが、この時もレイアウトの件はまったく進みませんでした。

真夏の暑い中の稽古を、皆と同じようにやらされ、走らされ、そのうち夏が終わる頃には中心的だったメンバーが、島出身の女性メンバーと駆け落ちをするという事件が持ち上がり、そのことで何日も深刻な話し合いが続くという状態になりました。

ただでさえ人数の少ないグループでしたから、皆の落ち込みようは相当なものでした。


えらい時に居合わせてしまった、と思いました。

海外公演を目指すという夢に比して、お世辞にも上手いとはいえない心細い状態の顔ぶれでしたから、まさかお前はこの窮状を見て見ぬ振りはしないだろう、という視線が僕に集まります。

僕と同じような年齢で、周囲の大反対を押し切って駆け落ちするという、抜き差しならぬ選択をした二人も、人生の過酷さを充分感じたでしょうが、たまたま、そういう状況に居合わせたばかりに、選択を迫られることになる僕も、人生の巡り合わせの不思議さを感じていました。

しかし、参加しろと言われても決心はつきかねました。

太鼓は、やってみれば面白くはありましたし、琴や長唄三味線や笛などの指導に来島される芸事のプロの先生方の指導[2]を受けるのも、確かに楽しくはありましたが、自分がやりたいこととはあまりにも世界が違いました。

態度保留のまま、僕は美学校に戻りましたが、もう集中して細密画はできなくなってしまいました。

自分を必要とする人たちを無視するのが、いかにもいさぎよくないような気がし、それに、大学構想や海外公演が実現できなかったとしても、そういう夢を語ってくれる田氏のような大人は、僕のまわりにはいなかったからです。

ふんぎりがつかないまま、結局は田氏の言う、自分独自のデザインの方法論を獲得するための七年間の回り道だ、と自分を納得させて、僕は田氏の夢のマジックに若さを投資する決心をしたのです。

弟子になりたいくらいだった横尾さんに会えなかったことが、巡りめぐってこういう結果になるとは、思いもしませんでした。

集団生活の初期の頃は、後のおんでこ座のイメージを決定する「修行」のような厳しさはそれほどありませんでした。

四

田氏がかつて、脚本で関わったこともあるという「ひょっこりひょうたん島」的リーダー不在社会、あるいは当時アメリカで流行り出したヒッピーコミューンのようなのどかな一面もありました。田氏は夫婦の形で住んでいましたし、座員同士も男女でひと部屋に住むカップルもいました。酒も公認だったし、煙草を吸う者もいました。僕は十代で座内では年下でしたが、全員が初めてのことに取り組んだのですから、上下関係はなく横一線で、集団の規律も、稽古法もみんな手探り状態で、田氏も兄貴分のような立場で振る舞っていました。

それが一年を過ぎ、宿舎を海岸沿いの廃校に移す前後あたりから、田氏の独裁的な色あいが強くなってゆき、ほとんどのことは彼の命令に従うというシステムになってゆきます。「民主主義が日本の芸能をだめにした」というのが、この頃の彼の口ぐせでした。田氏の世代では、民主主義は勝者のアメリカに押し付けられた、という拭い難い不信感もあったようです。

太鼓の芸能グループとしては信じられないことですが、太鼓や音楽をやりたくて参加したメンバーはこの頃には一人もいませんでした。それに演奏技術を身につけるにはもう遅い年齢でしたから、稽古の成果がはかばかしく上がらないこともあって、一切の自由時間も休養日もなし、禁酒禁煙、という厳命が田氏より出されます。「七年後、カーネギーホールに出た時にうまい祝杯を上げよう」それまでは断つ、ということになります。年頃の若者ばかりですが、猥談も禁止、恋愛も御法度の雰囲気が出来上がります。

計画では二年の稽古期間の後、三年目から海外公演に出る予定でしたが、それを「あんたたちができるようになるまで訓練は何年でも延長する」と彼は言い始めます。

プロにするつもりはない、下手でいいんだ、上手になれとは言ってない——と言われていたのに、これでは話が違うじゃないか、とは思いましたが、実際悲しいほどに何もできなかったので納得せざるを得ません。このままでは計画の実現がおぼつかない、というメンバー自身の危機感もあり、「フジヤマ、ゲイシャ」的な芸能を目指さない以上、芸で勝負できなければストレートに体力勝負するしかないというわけで、朝は必ず四時（冬場は四時五十分）に起きて、真冬だろうが嵐だろうが、裸で走る日課に変わっていきました。

給料というものも一切なく、駆け落ち事件の後、お金を持っていると里心がつくということから、メンバー同士の話し合いで皆の所持金を供出し、自分たちを律する意味で、新聞も、雑誌も、テレビも、ラジオも、一切をなくしました。言わば疑似鎖国化ですが、自らを一種の収容状態にしたのですから、この当時のメンバーがいかに生真面目だったかということです。以来僕の二十代はまるまる全部、テレビ、新聞の情報もなし、社会と接することもなし、特別の時以外は誰かと電話で話すことも、家族に会うこともなし、自分の金を持つことも使うこともないという生活になります。音楽も純邦楽や民謡以外を聞くことは禁じられたので、七〇年代の音楽も社会情勢も直接的にはほとんど知りません。

ちょうど、連合赤軍の事件があった頃で、後に人づてにその「総括」ぶりを知った時は、ヒヤリとしました。まかりまちがえば、互いを律するあまり我々もあんな風になっていたかもしれない、そういう雰囲気さえでき始めていたのです。そうやって自分たちを追い込み、規律で縛る一種の「狂気」は、程度の差はあれ当時の運動体に身を投じた若者の共通心理だったのかもしれません。

初期の運営資金は「株主」という言い方で、文化人の支援者を次々に紹介してもらい、一口一万円の寄付をしてもらったものを充てていました。大口の法人からは、太鼓の寄付をしてもらったり、借入金もあったようです。田氏は、企業から「民衆の金を取り返す」というかつての学生運動の活動家らしい発想で、資金援助を受けるのが上手で、そのノウハウに自信も持っているようでしたが、そうは言っても、何かで稼ぐわけでもない、いわば資金の食いつぶしでしたから、稽古の成果が見えないあせりもあり、三年、四年と訓練期間が延びてゆく中で、集団生活は厳しさを増していきました。

田氏が、おんでこ座の表記を、「鬼太鼓座」にするのはこの頃からです。

「日本の鬼は常に走っているものだ。歩いている鬼なんかいないんだよ」

ランニングへの田氏の入れ込みはどんどんエスカレートしていきました。初期は、雨が降れば女子は傘をさしてその辺を走る（?）ほどのどかなものだったのが、やがてどうしてこれほどまで、と我々が不安に思うほどの執着ぶりになります。太鼓の他に、笛、尺八、長唄三味線、津軽三味線、琴、日本舞踊、バレエの指導にプロの先生方がひと月かふた月毎に来られるのでその稽古もあり、各地の郷土芸能の稽古もやっていましたが、それらの稽古を中止してもランニングの練習がない日はありませんでした。

佐渡の駅伝大会に出て優勝する、という目標が、そのうち「日本陸連が育て得なかった、ロマンのある美しいマラソンランナーを育てる」ということになってゆき、ボストンマラソンに出場してゴールで太鼓を打つ、という、自ら言うところの「デンのアドバルーン」に熱中し始める頃になると、高校や大学の長距離ランナーを盛んにスカウトするようになります。佐渡の女の子をボストンで走らせて佐渡の人の意識を変えるんだ、とも言い始めます。まだ、一般の男でさえジョギングやマラソンをするなど考えられなかった頃のことです。

いちばん練習量の多かった時期は、一日、五、六十キロの走行距離になっていました。僕は、走るのが苦手で、遅かったため、田氏には特に厳しい言われ方をしました。

「人と同じ練習量で、速くなれるはずがない。英哲は、太鼓が打てるからといって思い上がっているんだ。嫌なことから逃げるような奴の太鼓なんか、聞きたくもないね」

特にボストンマラソンに出ることになってからは、「二時間四十分のタイムを切れない者は、海外に連れてゆかない」と言われ、当時、僕の記録は三時間二十分前後が精一杯でしたから、さらに練習量が増やされました。

例えば、朝は起きぬけに全員で二十キロのロード走をやりますが、午前の稽古をやったあと真昼にグラウンドのトラックで二百メートルのインターバルトレーニング（最大努力の八〇〜九〇パーセントの速さで走り、ジョギングで心拍数が一二〇〜一四〇拍／分に落ちるまでつなぎ、これを繰り返す）を二十本。午後はまた全員で、クロスカントリーかロード走を一キロ三分半から四分ペースの指定で二、三十キロ走る、というようなもので、真昼のインターバルが僕に課せられた追加メニューだったわけです。

平常は朝と午後の二回のトレーニングでしたが、真夏の炎天下でこの、一日三回トレーニングの特訓が一週間も続いた頃は、さすがに血尿が出始めました。

朝四時、拍子木の音で目が覚めると、また今日も走るのか、と思います。

午後の練習で、六キロ先にある起伏の多い広い松林や、町のグラウンドでトレーニングした後、車で全員引き揚げるのに、「遅い連中」は宿舎まで走って帰るのも義務のようなものでした。きつい練習でしぼられた後など、帰り道の途中で、渇きと疲れで動けなくなったこともあり、道端の溝に頭を突っ込んで水を飲み、日が暮れて多少涼しくなってから、真っ暗な海辺の道をふらふらになってようやくたどり着くと、食堂の明かりが一つだけになっていて、すでに皆は夕食を済ませ、僕の分だけがひとりぶん置いてあります。

時間も厳しく言われる生活の中で、食事時間に遅れて、疲れ切って冷めた玄米を一人で食べるのは、無言の責めを受けているようなものでした。

——今日、音を上げたら負けになる。辞める、と言うのは明日にしよう——そういう日々の繰り返しでした。

ランニング指導は日体大の長距離の選手や、高校駅伝の監督などにコーチに来てもらっていましたが、練習内容は田氏のアマチュアならではの発想や気分で、突然変わることが多く、それは太鼓のための足腰を作るのに役立つ、というより、いかに従順に命令に従うことができるか、という訓練のようなものでもありました。

「今のあなたたちは馬鹿でいいんです。馬鹿になりきりなさい」

この頃は支援者の人からもこう言われていた時期です。

そうは言われても、まさかこういうことになるとは思いもしなかった生活で、この訓練がデザインのための何かに役立つとは思えませんでしたが、ただ、七年間は頑張ろう、そうすれば何か見えるかもしれない――辛くて辞めることは「一生負け犬だぞ」と言われるようで、それだけは意地でもしたくない――そうは思っても、やっと増え始めたメンバーが一人、また一人と辞めて行く後ろ姿を見ていると他人事でなく、こちらもようやく首の皮一枚でつながっているくらいの、ぎりぎりの危うい意地でした。

僕の顔からいつのまにか、笑う、という感情表現が消えていきました。(3)

五

僕がこのような生活にどうにか耐えられたのは、やがて出て行くことになる海外で舞台への評価が高まり、その中で中心的な役割を受け持つようになったからです。この経験がデザインの訓練だったらどんなにいいか、と何度も思い迷いもしましたが、多くの舞台をこなしていくうちに、僕はいつしか太鼓打ちのプロの意識を持たざるを得ない自分の立場に薄々気がつくようになります。

訓練を始めて五年目の一九七五年、ボストンマラソンを走り抜いてゴールで太鼓を打つという形でやっと海外公演の足掛かりをつけ、「マラソンドラマー」として注目を集め評判を呼び、その翌年、建国二百年に沸くアメリカで小澤征爾さん、ボストンシンフォニーとの共演が実現します。

ボストンシンフォニーとの本番の前日、僕は伸ばし続けていた背中まであった髪を切り落としました。長髪は我々の世代の抵抗のシンボルで、僕個人にとっては太鼓打ち修行の日々の中にあって「俺はデザイナーになるんだ」という自己確認の最後の砦でした。しかし、あまたの音楽家が目指しても叶わぬ夢であろうボストンシンフォニーとの檜舞台は、そういう腰掛け気分や言い訳的な態度で臨むわけにはいかないものだという気がしたのです。「太鼓打ち」に自らを追い込んだ、これがきっかけでもありました。

それから先はパリ、ベルリン、ロンドン、ローマ、ロサンジェルス、サンフランシスコ、ボストン、トロントといった世界の主要都市での公演が毎年できるようになり、年々劇場のランクも上がってゆき「もしかしたら我々は本当にビートルズのようになれるのかもしれない」とさえ思えるほどでした。「北の孤島で修行僧のような集団生活をする、ストイックな若い太鼓打ち」というイメージで受け取られた我々は、祭りや盆踊りの日本の太鼓とはまったく違う神秘性を持った印象を人々に与えたようです。

アメリカ、ニューヨーク州の小さな町、オーバンのハイスクールでやった海外初公演の舞台では、舞台監督もスタッフもなく、取材に同行した新潟日報の記者と旅行代理店の添乗員に照明のスポット係をやってもらい、「まるで学芸会だ、この国で認められるにはニューヨークで成功しなくちゃね」と半ばあきれ顔で観客に言われたような我々が、その三年後の一九七八年には本当にニューヨークのブロードウェイで二週間の公演をするまでになったのですから、奇跡のような快進撃です。プロデューサーとしての田氏の面目躍如でした。


「おんでこ座に期待なんか、世間はしてませんよ。だからアメリカに闘いを挑んでいるわけだ。二十世紀世界最強のドラマーを見せる、とタンカを切ったわけだからね」

「私はアメリカに勝ちたい。伊達や酔狂で膨大な金を使ってあんたたちに学ばせたわけではない。ここまでは乗り込んだ」

「ヒノキ舞台だからね」

ニューヨーク入りの前日、彼は六時間にわたって檄《げき》を飛ばしました。

田氏は、話し好きというより、話すことで自分を暗示にかけ、自分の言葉に酔いしれているようなところがあり、こういった熱弁はこの時に限りませんでした。

初期の頃から、「人が話す時は、目を見ろ」と言い、姿勢を正してまっすぐに彼のほうを向いて身じろぎもせずに聞くように躾けられました。質疑応答というものは一切なく、我々は常に黙って聞くだけでした。「無口で、気はやさしくて力持ち」というのが、日本の民衆が求めた男の美学である、というのが口ぐせで、我々にも常にそうあれというわけです。

話の内容は、傾倒していた毛沢東や、魯迅、チャップリン、司馬遼太郎、古今の芸談の引用から、太鼓の心構え、日常の立ち居振る舞いや「あんたたちの親は一体どういう教育をしてきたのかね」に至るまでさまざまでした。

「私は言葉で生きている人間、口約束がいちばん重いんだ」が信条の田氏は、太鼓を打つ技術は持たず、音楽や芸能、ランニングの専門家でもなく、だからこそ、常に言葉で自ら描いた理想の太鼓打ちのイメージを我々に投影して、私生活でも舞台の演出面でも厳しい要求ができたのだと思います。

夕食後に話し始め、話が滔々《とうとう》と際限もなく続き、いつのまにか窓の外が白んでくることはしょっちゅうでした。往々にして脈絡もなくなり、理解し難い矛盾した展開になることもありましたが、何かに立ち向かわなければいけない、そういう気持ちにさせられる熱気だけは確かに伝わって来ます。言葉は頭の中で飽和し、長時間の緊張から来る疲労と睡魔で意識はボーッとなり、何だかよくわからないけれども頑張らないといけないのだな、という気になってくるのです。めったに他人の前では見せない姿でしたが、他の人から見れば、宗教団体のようだ、と思えたようです。

僕は多感な時期の十年間をほとんどこの一人の人物の価値観だけを通してものを見るように訓練され、そしてその強圧的な指導法に反目もし続けるわけですが、結果的には多くを学び影響を受けることになります。おびただしい言葉の奔流の中には、彼の言わんとしているのだろう真実のようなものがキラリと光ることがあり、その独裁的なやり方も、無名の集団が短期間に目的を達するためにはある程度はやむをえない、これはその実験だ、と思っていたからです。初期メンバーの気持ちもだいたいそういうところだったでしょう。

しかし、このニューヨーク公演以降、彼は、四本目の映画の制作に熱中するようになり、「大学設立」の話は、とうの昔から口の端にも上らなくなっていました。

それまでにも篠田正浩監督による記録映画『佐渡ノ国鬼太鼓座』をはじめ、三本のドキュメンタリーを自主制作で作っていましたが、劇場公開にはならなかったので制作費の負担は無視できなくなっていました。従順と思われていたグループ内の聞こえぬ感情の軋轢《あつれき》は、少しずつ大きくなってきます。「今度はかつて作られたことのない音楽映画にする」のがチャップリンにも傾倒していた彼の夢だったのですが、現実的には内部の軋《きし》みは押えられず、ブロードウェイ出演も外面では華々しいものの、実体は離反したメンバーの穴を埋める経験の浅い新人とゲストプレイヤーを含む危うい状態でもあったのです。既に当初の予定の七年は過ぎ、八年目になっていました。

そうした中で新しい映画の撮影は開始されることになり、その間も海外や日本国内を旅から旅へ一年に百六十ステージもの公演の明け暮れで、僕は一時間四、五十分の舞台をほとんど出ずっぱりでつとめ、走り続ける日々でしたが、映画制作のための借入金はそれでも追いつかない額にふくれていたようです。初期のメンバーももう若僧ではなくなり、僕もそろそろ三十を迎えようとしていました。十年に近い無給、無休の質素な集団生活も、自分たちの将来や大学設立の展望が見えない状況では、もう限界に近くなっていました。

「私が、自分の家屋敷を建てるために金を使ったことがあるか」と、田氏は言い続けましたが、その言葉はだんだんと我々には説得力を持たなくなりつつありました。

撮影スタッフとも何度ももめ、思いもしないさまざまなトラブルの果てに二年後、加藤泰監督の劇場用映画『ざ・鬼太鼓座』が完成しましたが、期待されたカンヌ映画祭出品もならず、一般公開にさえ到らず、我々はすっかり疲弊し、もう田氏の歩調に合わせるのが決定的に無理なところまで来てしまいます。

我々が全員ではっきりと田氏に疑問を投げかけたのはこの時が初めてで、彼の性格や、従順で無口を尊ばれていた我々を思えば、こういう意志表明をするのは大袈裟でなく言わば決死の覚悟に近いものでした。

「デンの魅力でここまで来たんだ。民衆との約束だからね、おんでこ座は続けます。これからは言うことを聞くやつだけで、やってゆくからね。俺の言うことが聞けないなら、やめてくれ」

我々は十年目を目の前にして、全員、解雇を言い渡されました。(4)

「私の、太鼓への狂気があったから、おんでこ座はここまで来れたんだ」

確かに、田氏の時代を読む目とこの自負心が、古いと思われていた太鼓に新しい表現を与え、「鬼太鼓座」というまったく新しい芸能を世に送り出し、今の太鼓ブームを導く陰の力になったと、僕は思います。

「ビートルズは我々にとっては音楽というより一種の冒険記だった」と言ったのは同世代の作家中島らも氏ですが、まったく別の地平からビートルズを乗り越えようという夢に賭けた鬼太鼓座も、僕にとってもメンバーにとっても、そして田氏にとっても、冒険記、あるいは戦記だったような気がします。

演奏者としての初期のおんでこ座は最後まで不器用で下手でしたが、だからこそ世界で前例のない独自の感動を表現することができたグループだったと思います。時代と、田氏の情熱と、若さだけを元手に夢に賭け、喰えるかどうかわからない蛸《たこ》を最初に喰ってみた初期のメンバーとの、ある意味では「幸福」な出会いのたまものでした。これ以降、世にたくさんのおんでこ座のコピーが出来ましたが、蜜月時代のおんでこ座を超えたものは見当たりません。

結果的には不幸な訣別《けつべつ》を迎えることになってしまい、その後も太鼓に関わっている僕としては、鬼太鼓座――田氏――の影からどう脱却するかの葛藤もあったので、この時期のことを思い出すのは常に少なからぬ痛みを伴います。今はそれぞれが社会人として自分の道を歩いているメンバーも、多かれ少なかれそうでしょう。ですが我々だけに限らず、いつの時代も人の営みとはこういう夢と、邂逅《かいこう》と、なにがしかの痛みを残しながら続いて行くものなのかもしれない、今はそう思います。

（1）ビートルズは擬音に類するパーカッションの使い方が面白いバンドでもあった。派手なドラミングの曲はないが、気をつけて聞くととてもセンスのいいユニークな音がちりばめてある。
鬼太鼓座時代に、パリのカルダン劇場で、我々の公演の前にやっていたアメリカの「ピロボラス」ダンスカンパニーの公演の客席で、リンゴ・スターを発見したことがある。興奮した僕は、彼のすぐ後ろまで確かめに行った。後で、離婚して恋人とパリにいたと週刊誌に書かれていたことを知り、本人だったことを確信した。話しかければよかった！

後年、仕事でリヴァプールを訪れたことがある。夕方になると人通りが跡絶え、ゴーストタウンのようになる通りの上空を、カモメが寂しげに鳴きながら飛ぶ町だった。彼らが初めてギターを買った小さな楽器屋に、まだ青臭いジョンとジョージがその店でギターをかかえている少年時代の写真が飾ってあった。ここから、ロンドンを目指して出て行ったのだ。感慨無量だった。

（2）「鬼太鼓座」時代の先生は、以下の方々。生田流箏曲・小泉栄子（現、玲紫）先生、竹保流尺八二代目御家元・酒井竹保先生、歌舞伎囃子笛方・藤舎推峰（現、名生）先生、歌舞伎囃子方・藤舎呂悦先生、歌舞伎囃子方田中流十一代家元・田中傳左衛門先生、長唄三味線杵勝会・杵屋勝寿治《かつとしじ》先生、髙橋竹山系津軽三味線・広木竹栄先生、のちに、髙橋竹山系津軽三味線・市川竹女先生、日本舞踊吾妻流・吾妻春律先生、のちに、日本舞踊花柳流・花柳照奈先生、松山バレエ団（現、田中バレエ・アート）田中俊行先生。

　他に地域の伝統芸能では、福井県三国虫送り太鼓、埼玉県秩父屋台囃子、岩手県岩崎鬼剣舞、岩手県大《おお》償《つぐない》神楽、岩手県梁川鹿躍《やながわししおどり》、佐渡岩首鬼太鼓、佐渡文弥人形、富山県八尾盆踊り、静岡県弓ヶ浜太鼓、長崎県天草栖本太鼓踊り、などを学んだ。

　他に個人的に学んだのは三重県桑名石取り囃子、東京都八丈太鼓、江戸囃子若山流四世家元――若山胤雄《たねお》先生。

（3）パリのカルダン劇場に初めて出てから何年か後、ずっと仕事をしていたフランス人のスタッフの一人が僕の笑い顔を見て「お前は、笑えるのか！」と、心底、珍しいものを見たように驚いたことがある。自分では気がつかなかったが、舞台裏でもそれくらい、僕は感情を出さない表情になっていたらしい。

（4）田氏と離れた後も我々は既に決まっていた舞台のスケジュールを責任上「鬼太鼓座」の名でこなし、八一年には東京で十周年記念公演を行なった。自作の新曲も含めた、これが僕の初演出で、その年の朝日新聞の「今年の音楽ベスト5」に入れて貰ったのは自信になった。田氏は別のメンバーを集めて「鬼太鼓座」をスタートさせており、オリジナルメンバーはその後は「鼓童」の名で活動することになる。

「太鼓打つ子ら」――立ち向かう、未来の太鼓打ちへ

2017・8

アメリカのオハイオ州の子供たちに太鼓を教えることになったのは、二〇〇四年からのことだ。きっかけは偶然だった。二〇〇二年秋、ひさびさのニューヨークからカリフォルニアまでの北米ツアーの際、せっかくアメリカに来るのなら、とオハイオ州の州都コロンバスで開かれる催しで講演を頼まれたのだ。それが、アメリカ最大規模の舞台芸術見本市「アーツ・ミッドウエスト」だ。

アメリカは広いので、劇場とアーティストやエージェント会社が年に一回このような見本市を通して情報を交換し、翌年以降の劇場公演のプログラムや全米公演のルートなどを決めていく。巨大な催事場には全米からたくさんの団体の上演資料や映像を見せるブースが出展しており、そういう場所で、エージェント関係者、劇場ディレクターなど数百人の業界人を前に講演する、というのだからなかなか荷が重い。先方もそれを考慮して、パフォーミングアーツ研究の大学教授

の質問に応える形で「日本の太鼓の現在」と題した話をすることになった。

「日本では新たな太鼓文化が盛んになっており、自分はそのようなことを始めた本人であり、その新たな太鼓は音楽的な成果以外に、地域や教育現場などでさまざまな成果を生んでおり、意外にも問題行動を起こす青少年が立ち直る例なども多く見られるようになったのである」のようなことを一時間ほど受け答えし、客席との質疑応答をやった。もちろん通訳さんの助けを借り、簡単なところは自分の下手な英語で話した（下手な英語でもアメリカ人は聞こうとしてくれるし、話すと喜んでくれるし、明らかに表情が変わる）。そして冒頭では大太鼓のソロ演奏もやった。

この演奏とスピーチが大層受けたのだ。予想外のスタンディング・オベイションになった。

「日本では一般の人がなぜそんなに太鼓を打ちたがるのか？」

「えーと、それは例えば夫婦喧嘩をしてお皿をガチャンと叩きつけると、気分が発散する、あんな感じで気持ちがいいんじゃないでしょうか」

「ワッ、ワーハッハッハッハッハッ！」

大受け。

アメリカのおじさんたちはこういうジョークが大好きだが、実際に彼らが一番興味を持ったのは、ＴＡＩＫＯが青少年の問題行動を是正する、という真面目な部分だったようだ。

中でも大感激してくれたのが、オハイオ芸術協会（ＯＡＣ）のウエイン・ローソン・エグゼクティブ・ディレクターだった。早速問い合わせがあり、翌一月のＮＹリンカーンセンターでのコンサート（ジャズピアニスト秋吉敏子さん作曲のリンカーンセンター委嘱作品の初演）や、七月東京サントリーホールの僕のコンサートにまでスタッフを引き連れて来て「オハイオで滞在型の芸術プロジェクトをやってくれないか、ＴＡＩＫＯが青少年の問題行動を直す効果があるなら、ぜひあなたにアメリカでそれをやって欲しい」と言うのだ。思いがけない申し出だった。

日本の現代の太鼓芸が、問題行動——親や教師への反抗、非行、暴力行為や不登校など——を起こす少年たちの態度を一変させる、というのは、実際に日本各地でよく聞く話だ。我が弟子の風雲の会にも、高校時代はすこぶるやんちゃをしていたが太鼓好きになったことで目が覚め「親が泣いて喜びました」という、今では真面目なメンバーがいるので、そのことを講演では引用して話したのだが、その話が予想以上にインパクトを持って受け取られたようだ。

ローソン氏によると「問題行動を起こす青少年は、アメリカの方がずっと深刻です。学校にいきなり銃を持って来て撃ち殺したりします。そんなことが、どこでいきなり起こるかわからないのです」

実際にコロラド州では一九九九年、ハイスクールで生徒による銃の乱射事件があり、たくさんの生徒や教師が亡くなっている（コロンバイン高校銃乱射事件）。つい三年前のこの悲惨な事件が頭にある様だった。

さらにこの時期、アメリカにはもうひとつ重い問題もあった。

「9・11のテロ事件で、アメリカ人は自分たちがいかに他国の宗教や文化ついて無知、無関心で、敬意を払っていなかったかを思い知らされました。ブッシュ大統領がイラク攻撃をするのを、すべてのアメリカ人が賛同していると思わないで欲しい。心あるアメリカ人は皆、心を痛め恥じています」

「オハイオの子供は、ニューヨークやロサンジェルスと違って異文化に出会うチャンスがないままに育ちます。その子供たちに〝オープン・アイ〟をさせたい。世界にはさまざまな文化や価値があることを実際に体験させ、目を開かせたいのです」

「一度、オハイオ芸術協会の活動を見に来てほしい、それで、どういうプロジェクトが可能か検討してほしい、もし成果が上がらなかったとしても、その責任はあなたにはない。それはアメリカ側の問題なのです」

こうまで切実な申し出を受けては断るわけにはいかない。日本や海外の仕事の合間を縫ってオハイオ州内の候補地に下見に行き、検討を重ねた結果、二〇〇四年の五月から英哲オハイオ・プロジェクトはスタートすることになった。

滞在型芸術プロジェクト（現地に滞在しながら、アートの共同制作などをやること、アーティスト・イン・レジデンス）なので、僕自身のコンサートや造形アーティストとのコラボ企画なども含むのだが、先ずは子供や学生への指導をメインにということで、デイビス・ミドル・スクールとキャピタル大学から太鼓の指導を始めることになった。

デイビス・ミドル・スクールは日本でいう小学校六年生から中学二年生までの子供たちが通う九百人ほどの公立中学校（アメリカは州によって学校制度が異なり、オハイオは五・三・四制）で、州都コロンバスから約一時間のダブリンという農業中心の町にある。近年は日本企業HONDAをはじめ自動車工場なども進出しているので、人口も増え住宅地が急速に広がっているが、車で案内してくれたダブリン・アーツ・カウンシル（ダブリン芸術協会）のキャロル・ディレクターによれば、「あたしたちが子供の頃（五十年前？）は、この辺りはまだ原野があってバッファローが走ってたわ」というほど、のどかで広大な〝ザッツ・アメリカ〟という感じの地域だ。

学校は生徒も先生もほぼ白人で、ごくごくわずかにアフリカ系やアジア系の子供もいる、という構成なのは、五大湖に接するアメリカ中西部の農業地域という土地柄ゆえだろう。

「デイビスは特色のある学校ではないので、なんとか特徴を持たせるようにしたいのです」

初めて学校の下見に行った時に、白髪交じりの上品なデイヴィッド・ノスカー校長はそう言いながら校内を案内してくれた。

「そこで、今年は全校挙げて日本について学ぶように取り組んでいるのです」

なるほど、廊下には生徒が自分で書いたらしい「マイケル」「ジェシカ」など可愛いカタカナ書きの名前がズラッと貼り出され、英語の俳句（三行ほどの短い詩）なども色とりどりの紙に書いて貼られている。パソコンを使った数学の授業を参観した時には「日本のほうが教育レベルが高いから」と少し恥ずかしそうに言う。なんとアメリカでは日本の学校教育がよほど進んでいると思われているようで、的を射ているかどうかは別にして、意外でちょっと面映ゆい。

太鼓参加者は希望者を募って、十二～十三歳の男女二十人が選ばれた。日本でいう小学校六年～中学一年生なので体の大きい子もいるが、かなり子供っぽくてしょっちゅうじゃれ合っている。太鼓授業の担任になったのは、青い目の音楽教師スザンヌ先生。明るくキビキビした闊達な女性で、いつまでたってもおしゃべりを止めない子供たちを「アテンション！」の号令ひとつで黙らせる、なかなかの指導者だ。

通訳係は、高校まで東京で育ったというユニークなアメリカ人太鼓打ち、エリック。和太鼓はサンフランシスコで習い、今はキャピタル大学で和太鼓の授業を受け持つ先生でもある、とまあ、よくそんな人がいたと思うような人物で、太鼓のこともリズムのことも、さらに日本のこともわかっているので大助かりだった。

「わたくしは、小学校の頃、友達のひろし君と、冬にストーブ当番になりまして、地下から石炭をバケツで二人で運びました。拭き掃除も毎日やりました。日本の学校を子供が掃除するのは、あれはいいですねえ。アメリカの子供は掃除ができませんよお」金髪のエリック君の語る郷愁の日本は少しレトロで、言葉使いも上品すぎてちょっと面白い。


授業は風雲メンバーの上田秀一郎、〝はせみきた〟を伴い、太鼓は日本から大中小四十台を長期レンタルして運んだ。最初の授業では見慣れない日本人が三人来たので子供たちはもう興味津々。太鼓演奏を見たことがないので、デモ演奏をやってみせると大喜び。準備体操の五百回ジャンプは、もうキャッキャッと大騒ぎ、という具合で、とても素直になじんでくれて面倒なことはほとんどない。秀《しゅう》も〝はせ〟もすぐ人気者になった。リズム手順を覚える「口唱歌」も、日本語で作ったものを、スザンヌ先生が子供にわかりやすいように英語口唱歌に直してくれた。

「千の海響」の冒頭部分「さあさあ、はじまる、ひとびとようこそ」というリズム唱歌は「start the /rhythm right now/we gonna play for you」という具合で、これでちゃんと和太鼓リズムが打てるのだ。こういうアメリカ的な変容はとても興味深い。文化が伝わる時、わずかな変容が起こり、誤解を含んで次の何かに生まれ変わるという、何やら歴史的瞬間に立ち会っているような気分になる。

ただ、大変だったのはスケジュールだった。一週間の滞在中に、午前八時から一時間、先生たちだけへのワークショップ、その後、一般生徒へのレクチャー・デモの授業一時間、ランチを学校食堂で子供たちと食べて、午後は太鼓メンバーへの二時間の太鼓授業、その後、コロンバス近郊の別の街に移動してサンドイッチ屋で夕食をとって、夕方七時からはその街で二百年以上の歴史を誇るキャピタル大学音楽学部の学生への二時間の授業、ほぼこういうスケジュールが月〜金で毎日、続くのである。

それぞれ教える相手が違うから、毎回、準備体操から見本演奏まですべてきちんとやって見せなければならない。もう、へとへと。自分の稽古だってここまで追い込んでやったことはないくらいきつい日々。しかもアメリカ人は車の中で黙っていることがない（？）ので、移動中ずーっと〝楽しく〟話し相手をしなくてはならない。後ろの席を見ると秀も〝はせ〟も時差と疲れで泥のように眠りこけている。四日目の木曜日の朝くらいになると、もう死んだふりして休もうか、とホテルのベッドの中で思うほど起きるのが辛かった。

ともかく、このような日程で二カ月に一度、二〇〇五年の五月の発表会までに計六回、オハイオに通ったのだった。

それでも素直で明るい子供たちはよく練習してくれて、トラブルも起こさず、打法も身に付き、五月の発表会を迎えた。これが感動的だった。

各クラスが独自に取り組んだ「日本」学習の成果発表ということで、体育館前のロビーには、折り紙の千羽鶴がたくさん飾られ、手作りの三味線、琴、太鼓など和楽器の模型、ボール紙製の東大寺大仏殿の大きな模型などが展示され、そしてなんと英哲が太鼓を打つ姿を色ガラス絵にして嵌《は》めこんだ大きなステンドグラスのドアまで飾ってある。

そして体育館での、全生徒、教師、保護者を前にしての発表会では、日本の地形と気象についてや、東大寺の成り立ちについての研究発表、日本の子供の遊びについて（なんと、ムカデ競走を実演！）や、折り紙と千羽鶴についての発表もあり、この時は原爆症で亡くなった「原爆の子の像」のモデル佐々木禎子《さだこ》ちゃんの物語を、エリックが英語で、途中から涙声になりながら読み上げた。エリックは日本育ちで心根がやさしいとはいえ、アメリカの公立学校で被爆者のことを教えるとは、ノスカー校長の日本学習への本気度がうかがえる。

そしていよいよ、太鼓メンバーの出番。子供たちは自分たちの命名で「寿司スチューデント」を名乗り（スシが大好きだから、という理由で）、一年間練習した「回り打ち」（ダンシング・ドラム、女子のフルートも入る）、手製の面をつけた『マスク・ドラミング』、そして『千の海響』を見事に元気いっぱい演奏してくれた。これがもう大好評で、初めて見た生徒や教師、保護者たちが大興奮、ピーピー、キャーキャー、拍手が鳴りやまない。

終わった後、音楽教室にもどっていると、三十歳前後とおぼしきまだ若い男性教師がひとり訪ねて来て、真剣な表情で「私は告白したいことがあります。ちょっと人のいないところで話したいのですが」と、教師控室に誘い二人きりになってドアを閉める。これは何が起こるのか、と緊張していると、まっすぐに僕を見つめながら、

「私はこれまで教師をしてきて、今日ほど子供たちの可能性というものを感じたことはありません。あの太鼓を打つ子供たちが、あれほどのことが出来るようになるとは信じられませんでした。私には子供も二人いますが、これからは子供たちの可能性というものを信じて、しっかり育てて行きたいと強く思います、それを誓います」

と、目にいっぱい涙を浮かべながら「告白」してくれたのだ。子を持つ彼にとって寿司スチューデントの演奏はそれほどの衝撃、感動だったようだ。まさか、これほどまでに受け取ってもらえるとは。

もう一人、小柄な男子生徒のマット君は、「英哲ファイル」を作ったので見て欲しい、とやって来た。彼は少し障害のある子供で、両親が彼のことで諍《いさか》いになるのを小さい時から見ており、結局離婚に至り、その影響から一切、感情表現も表情もない子になってしまった。太鼓の授業も時折見学に来ていたのだが、まったく仮面のように無表情で反応がない。だが、彼が作ったファイルには、ネットからの英哲画像やさまざまな英哲の資料をきちんとプリントしてまとめて編集

してある。

「よくやったねえ。今まで練習を見てるだけだったんだね、じゃ、ちょっと太鼓打ってみようか」と言って、太鼓の前に立たせてみると、ちゃんと構えをして腕を大きく上げて英哲スタイルで打ちはじめたのだ。

「ヴェリ・グッド、ビューティフル！」

と声をかけると、振り返ってニコッと笑った。その瞬間、見ていたスザンヌ先生が悲鳴のように叫んだ。

「彼が笑ったわ！　彼が笑ったのよ！　彼が笑うのは初めてよ！」

目を見開き、顔を紅潮させるスザンヌ先生、その姿に、今起こったことがどれほどすごいことなのかがこちらにも伝わって来た。奇跡が起こったのだ。


まだ書き切れないエピソードもいっぱいあるが、ともかく一年にわたったプロジェクトは最後の時を迎えることになった。

最後の夜にダブリン・コフマン高校ホールで、我々の演奏と共に「寿司スチューデント」と「キャピタル大生」を交えての一般市民のためのコンサートをやった後、最後に僕のあいさつで締めくくることになった。

「皆さん、どうもありがとう。僕は自分の子供がいませんが、僕が老人になったら、きっとオハイオの子供たちとの日々を思い出して、写真を見て懐かしむことでしょう」

僕の声が涙声になってしまい、それを舞台袖で聞いていた子供たち、先生方もみんな涙、涙になってしまった。ひとりひとり、すがりついて「忘れないで!」。なんとも切ない。客席で真っ先に泣いていたのがプロジェクト発案者のOAC・ローソン・ディレクター。成功を喜びつつ、これが最後になることをまさに男泣きで惜しんでくれた。

長期にわたって子供たちを指導をするという日本でもやったことのないプロジェクトを外国で初めてやって、こんなに喜んでもらえて、本当に幸いなことだった。

帰国後、子供たちが折った千羽鶴は、子供たちの希望で、「原爆の子の像」に飾ってもらうために僕が広島まで届けに行った。


これでデイビスでのプロジェクトは一旦は終わるのだが、この後「寿司スチューデント」は地域で大人気になり、州の大きな催しやスポーツ大会などに呼ばれるようになり「絶対に日本に行きたい」という子供たちや保護者の熱意もあって、一年後、十年後と二回の訪日も実現、太鼓も買い取ることが出来て、スザンヌ先生の頑張りで後継者も次々生まれている。

デイビスがオハイオ・プロジェクト最初のケースとして大成功したのは、白人中心の農業地域で比較的問題が少ない学校だったからだ。保護者も周囲も協力的だった。だがアメリカには、深

刻な問題がある地域もある。ＯＡＣのローソン・ディレクターは、デイビスでの予想以上の成果を見て「次はクリーブランドでのプロジェクトをやってくれないだろうか」と打診して来た。

クリーブランドはオハイオの最北、五大湖のひとつエリー湖に面した街で、かつては鉄鋼産業で栄えた大都会だが、今は「ラスト・ベルト」――錆びついた地帯――と呼ばれるほど衰退しており、失業者や麻薬、売春、貧困などの問題を抱えている。トランプ大統領誕生は、この辺の人々の不満の反映、とも言われる。

アメリカのそういう実情は、七〇年代の映画『ディア・ハンター』などで見てはいるが、実際のところ自分がそういう場所で何ができるのか、想像もできなかった。しかし断る気はなかった。太鼓が人の心になにがしかの前向きな変化を起こさせるものなら、それが必要かもしれない人々のところへ行ってみよう、と思った。


二〇〇六年の一月から英哲オハイオ・プロジェクトの第二弾、クリーブランド・プロジェクトが始まった。指導に行くのはクリーブランド・スクール・オブ・ジ・アーツ（ＣＳＡ）という芸術学校と、プレイハウス劇場主宰の、演劇、ダンス、音楽専攻などの有志高校生への指導（アフター・スクール・レジデンシー）の二本立てだ。この両者はまったく正反対の若者たちで、ＣＳＡは最貧困層の芸術志望者、プレイハウスは恵まれた高校生の芸術志望者で、事情の複雑さ困難さの比重はもちろんＣＳＡがずっと重い。

ＣＳＡの学校運営は、ボランティア団体からの寄付で賄《まかな》っているらしく授業料は無料、クラシック、ジャズ、合唱（ヴォーカル）、美術、写真、ダンス、文学、演劇などのコースがあり、プロの先生方が指導している。日本ではちょっと考えられないタイプの芸術専門ハイスクールで、十二歳〜十七歳までの約六百人の生徒のほとんどがアフリカ系（先生も）の子供たちだ。

「ここの子供たちは両親が揃っていません。いてもほとんど片親で、アル中や麻薬中毒、売春の親もいます。家に帰っても食事ができない子もいます。虐待がひどくて家に居られない子は、保護施設から通っています。すでに子供のいる子もいます。それから……」

事前の説明で聞いたこの話から、どんなに殺伐とした学校かと不安がよぎる。だが、初めて教室で面会した二十人の子供たちは、意外なほど身綺麗だった。年頃なのでそれなりにおしゃれをしており、ピアスをしたりネックレスをしたりとアメリカの普通の少年少女のように見える。ただデイビスと明らかに違うのは素直な反応が返ってこないこと。表情に乏しく、こちらをちょっと警戒しているような空気がある。先生方も同様だ。

通訳係は今まで同様、エリックだが、白人の彼もアフリカ系の子供ばかりの状況に緊張している様子で、空気が硬い。スザンヌ先生の様に子供から慕われている仲介者がいるといないとでは、雰囲気がまったく違う。

そんな中で初回の授業を始めた。同行した上田秀一郎、〝はせみきた〟と共にこちらも緊張しつつ準備運動を教え、打つ構えから教え始める。今回は指導期間がデイビスの時の半分以下なので、ともかく早く手順を覚えさせようと、さっそく『千の海響』のリズムを説明し始めたのだが、子供たちの集中力がみるみる失せていく。「手順を覚える」という授業のやり方が苦手なのか、目がうつろになり動作が緩慢《かんまん》になっていく。しかも美術や文学専攻の子もおり、音楽志向の子ばかりではないので、どの子を照準にして教えればいいのかが難しい。

まいったな、これではいかん、と、二回目の授業の時、練習は棚上げにして、我々三人での真剣な演奏を一度見せることにした。太鼓や台が本番用ではないのでとてもやりにくいが、子供たちを座らせて目の前でお手本演奏を見せ、続けて近作の舞台「レオナール」のワンシーンをやったのだ。これが良かった。子供たちの眼の色が変わったのだ。

「これを僕たちがやるの?」

「そうだよ、五月に発表会やって、それをみんなが見にくるんだよ」

「ふーん……」というような顔だが、あきらかにびっくりしている。自分たちが何をやるのか、我々が何者か、おぼろげにわかってきたらしい。授業をのぞきに来ていたダンス科や合唱科など他クラスの先生方も同様の反応で、表情が柔らかくなり、いろいろ話しかけてくるようになった。

ダンス科の長身男性のグリーン先生が「私の授業もぜひ見てくれ」と言ってきた。ハリウッド映画の日本の芸者物語『ＳＡＹＵＲＩ』（“Memoirs of a Geisha”）の音楽でダンス作品を作っているらしい。教室に行くと、和太鼓も交じった爆音大音量の音楽に合わせて、二十人ほどの少年少女が中高生年齢とは思えないほどの高度な振付で踊りまくっている。見事なほどふくよかなコロッコロ嬢やムッキムキ君など〃アメリカ体形〃の生徒も必死で跳びはね大汗だ。先生は大声で叱咤し続け、間違った時は、即自分で踊って手本を見せ、六十分、一瞬も休ませない——怒濤の神業のような指導ぶりだ。聞けばグリーン先生もこの学校出身で、なんとあの有名なアルビンエイリー舞踊団メンバーだったというプロ・ダンサーなのだった。

「これなら、太鼓授業と何か組み合わせられますね」お互いそう言ったが、逆に太鼓メンバーのレベルの方が心配になってきた。

その太鼓メンバーは、お手本演奏を見た後からやっとやる気が出てきた。リズム手順を覚えるのは相変わらず苦手だが、勝手にやらせると大喜びでめちゃめちゃのリズムを叩き、ブレイク・ダンスなども踊り始める。面白いので「さっきのウエーヴ・ダンス、もう一度出来る？」と言ってそのまま踊らせながら、全員にドンコドンコの跳ねリズムを打たせて、最後のところで「ヤッ！」と声を出して歌舞伎風ポーズで決めると大喜び。みな嬉々としてやりたがる。良かった、これでなんとか行けるかもしれない。何もかもが手探りだが、少しずつ光を探すしかない。

授業が終わった後、我々だけで太鼓の片付けをやっていると、一人の女の子が毎回手伝ってくれるようになった。アメリカの学校では基本的に、準備、片付け、掃除などを生徒がやることはまず、ない。「日本の掃除の習慣はいいですねえ」とエリック君が嘆く所以だ。だから誰に言われるわけでもないのに、重い太鼓を車まで運んでくれる女の子は意外だった。「サンキュー」と言うと黙ってニコニコ笑うだけだ。名前はドミニク。授業でも、僕の言うことをいつもまっすぐに聞いていて、いつもニコニコしている。

ある時、片付け終わり、もう退校時間で他の生徒も迎えの車ですっかり帰ってしまい、誰もいなくなった出入口付近に彼女が一人でいるので「ドミニク、シーユー・トゥモロー!」と声をかけた。ニッコリ微笑んでくれたが、ちょっと所在無げで光のない目が泳ぐ。

車で我々の送迎をしてくれるOACのクリーブランド・スタッフのサリー女史が、

「彼女はね、プエルトリコからの移民なんですよ。でもそれを、みんなに知られたくないのね。いじめられたりするから。だから必死で明るく振る舞っているの。父子家庭なんだけど親の暴力がひどいから、保護施設に預けられて、そこから通ってるんだけど、今日は迎えに来るはずのボランティアが、なんか事情があったんでしょう。連絡がつかないようね」

運転しながら、そう教えてくれた。

教室では、どの子も家庭事情を感じさせるようなことはないし、周りの関係者もできるだけそこに触れないようにしているらしく、裏の話を聞くことはなかった。だが緯度が高く夕暮れが早い冬の北の街で、電灯の下でひとり寂しげに迎えを待つ女の子の姿に、この学校に通う子供の環境の厳しさを初めて痛感した。

雪の降る冬の日からエリー湖の風がさわやかな初夏まで、そんな風にして、昼はCSA、夜はプレイハウス劇場での陽気な高校生、と、同じ街に生きながら決して（おそらく決して！）交わることのない境遇の若者たちへの指導は続いた。

一月、四月と二度の滞在中に、CSAの先生方と五月末の発表会をどういう形にするかミーティングをやった。

「オーケストラもジャズ・コンボもあるし、合唱も美術もダンスも演劇科もあるのだから、単なるコンサートじゃなくて、太鼓も加わったストーリー仕立ての音楽劇のようなものはどうでしょう」と提案してみた。「おお、いいですねえ、どんな物語を?」「浦島太郎、どうでしょう」

早速、演劇科の白人もじゃもじゃ頭の男性教師スコット先生がネットで検索し「脚本が手に入った!」、じゃやってみよう、ということになり演出も担当することになった。

恰幅のいい老ベテラン男性教師、合唱科のウッズ先生は、劇中で歌う「日本の歌」を教えてほしいと言う。太鼓授業で八丈島の囃子歌を教えていたのを聞いたらしい。これもすぐに日本に連絡を取って、合唱アレンジ譜面のある民謡『貝殻節』や『最上川舟歌』などの譜面をFAX送信してもらい、音源は帰国後MDに録音して送った。当時この学校ではまだFAXとMDの方が有効だったのだ。

ジャズ科の白人教師スタインメッツ先生は「トシコ・アキヨシの曲はどうか?」、これはかなりハードルが高い、ということで断念して「キャラバン」をやることに。

日本の物語をやるなら衣装も必要で、これは五月の本番までに中古着物を探して日本から持っていくことにした。我々からの心ばかりのプレゼントだ。


そんなあれこれがあって二〇〇六年五月の末、半年間で計三回、のべ二十七日間にわたったプロジェクトの成果発表を迎えることになった。ＣＳＡという芸術学校にとって、年に一回行われるこの全校挙げての発表会はとても重要かつ切実だ。というのは生徒の発表の出来具合によって寄付金が多かったり少なかったりして、学校運営を左右するからだ。ＣＳＡの生徒はすばらしい、と思われなければ運営がままならない――学校運営も成果主義というシビアなアメリカの現実だ。

そのせいか、舞台美術も力が入っており、舞台になる市内のトリニティ教会では、十字架キリスト像の真正面に、なんと真っ赤な巨大鳥居が！　その鳥居が竜宮城のシンボルで、周りの深海の岩や海藻、サンゴのセットはカラフルなフィルム素材やキラキラ素材などで妖しく飾られ、浦島太郎が乗る海ガメは、巨大な恐竜顔の「ガメラ」、太郎が海中で闘うアクション・シーンの相手は大きな「シー・スコーピオン＝海サソリ」、すべて美術科生徒と先生が時間をかけて製作したなかなかリアルな力作だ。

鳥居の奥には大太鼓が飾られ、上手《かみて》にはオーケストラとジャズ・コンボ（僕も共演）、下手《しもて》にはダンサーたちが控えていて、太鼓メンバーは竜宮城の宴会シーンで登場して盛り上げる、という設定。

ストーリー・テラー役は文学科の女の子で、サリー女史が「彼女は成績が良くて、奨学金で有名大学へ入学が決まってるの」と誇らしげに言う。「でも、もう子供がいるのよ」

主役の浦島君はセリフも演技もとても上手い小柄な少年。皆が手分けして探した「フラダンスの腰ミノ」がそれなりに似合って、釣りざおをかつぐと、おおっザッツ〝浦島太郎〟だ。

日本で買ってきたキモノは、結局、我々が全員に着付けをせざるをえず、本番前は大忙し。豪華な刺繍の中古花嫁衣装を乙姫役ともう一人の女の子に着せた時には、これはプレゼントだから、と言うと衣装係の女性ケニヤが「こんなきれいなキモノ、こんなに美しいものアメリカでは絶対買えない、神様が下さったんだわ！」と言って泣きだしてしまった。こんなに喜んでくれるなら、はるばる持って来た甲斐がある。

こうして「浦島太郎物語」が開演した。教会に満杯のお客さん、子供たちはやる気まんまんだ。太鼓シーンは「回り打ち」にアドリブ主体の『マスク・ドラミング』、『千の海響』。

日本から買っていったお神楽のひょっとこ面や鬼やキツネの面を全員に配りながら、

「今日は友達や家族も来るだろうから、客席に出て行ってもいいし、アドリブはみんなを楽しませるように自由にやっていいからね」

　チーム名を「最高太鼓＝ＰＳＹＣＨＯ　ＴＡＩＫＯ」（狂った太鼓）と自分たちで名付けた子供たちが、授業の合間にふざけている姿が面白いので、そのままやらせようと思ったのだ。そうしたら本番、本当に子供たちは思いもしないハジケっぷりを見せた。小柄な男の子マーテルは堂々と客をあおって手拍子させたり、客席通路を走りまわったり。おとなしく見えたドミニクも嬉々として跳んだりはねたりして、客席を沸かせている。なんだかアフリカで見てきた光景の様だ。

　ダンス科の子供たちも海サソリと激しく闘うダンス場面や、我々三人（英哲、上田秀一郎、田代誠）の太鼓リズムで踊る場面などがあり、ダンス教室でいちばん目立っていたベン・ジョンソン風筋肉ムッキムキ君の双子兄弟も大活躍。ラストは浜辺でたった一人になった浦島君のもとへ、懐かしい人々が天国から帰ってくる、という設定で、コーラス隊が「カワイヤノー、カワイヤノー」と「貝殻節」を歌いながらキャンドルを持って舞台と会場を埋め尽くす、という美しい幕切れ。

　大成功だった。お客さんも盛大な拍手で、スタンディング拍手しているのは白人客が目立つ。アフリカ系の少年少女が日本の「浦島太郎」を総合音楽劇にして演じるなんて、どこの世界でこんなことが実現できるだろう。メディアも批評家も誰も注目してはくれなかったけれど、今考えてもこれは世界初の、相当大げさに言えば空前絶後のプロジェクトだったと思う。

　僕はオーケストラ曲など何場面にも付き合ったのでくたくただったが、最後の最後に風雲の上田秀一郎と田代誠の三人で近作の「レオナール　われに羽賜《はねた》べ」の短縮版を演奏、その前にこうあいさつした。

「オハイオ・太鼓プロジェクトは今回で最後ですが、この間、たくさんの生徒に出会いました。私には、子どもがいませんが、このオハイオには八十人以上の子どもがいるような気がします。私は若い頃憧れたビートルズほど有名にはなれなかったけれど、この子達はもしかしたら将来、ビートルズのようになるかもしれない。この子達の将来の幸せを願って、最後の演奏をします」

この英語のスピーチと最後の演奏が、先生方や関係者にとても響いたようだ。「あんなに素晴らしい、スピーチはなかった。途中からみんな泣いていた」と、いちばん泣いていたらしい芸術協会のローソン・エグゼクティブ・ディレクターが、ダブリンの時と同じく男泣きの顔をくしゃくしゃにしながらハグしに来てくれた。彼の発案で始まったこのプロジェクトだが、これをもって引退、高齢のローソン氏にとってこのフィナーレは誰よりも感慨深かったにちがいない。

終演後、舞台裏では女の子が手作りキャンドルや手作りケーキをくれたり、かわいい手紙をくれたり、何人かは泣いている。男の子は次々にサインをねだり「ハヤシは日本で有名なの？　マイケル・ジョーダンみたいにサインは高く売れるの？」と直球な言い方。そして「日本に行きたいなあ」。彼らの家庭環境を思えば、これらはすべて彼らなりの最大限の好意と感謝の表現だったのだと思う。

クリーブランド、ＣＳＡのプロジェクトはこうして終わった。子供たちが〝オープン・アイ〟してくれたのか、めでたく学校の寄付が増えたのかはわからない。ただ一時にせよ、太鼓に向かい汗をかいた彼らが、理不尽な世の中に出ていく時、太鼓の経験が背中を押してくれることを願うばかりだ。

その後、授業で教えた八丈島の太鼓囃子の唄に、あの時の子供たちを偲んで元唄とは別の新しい歌詞を書き、ゆったりとしたバラードに創り変えた。二番までをＣＤレコーディングし、幸い好評だったので舞台アンコール用に三番の歌詞を書いた。その直後、東日本大震災が起こった。運命に流されていく、まるで歌詞のとおりの現実が起こり歌うのがためらわれたが、東北で震災をくぐり抜けた指揮者の岩村力さんが励ましてくれて、大震災一週間後の兵庫県のコンサートで、アンコールにフル・オーケストラ伴奏で歌った。途中から涙が止まらず、観客も、岩村さんも、オーケストラ団員も、スタッフも、みんなが泣いた。

その歌を、困難に立ち向かうすべての子らの背中を応援するつもりで、今も舞台で歌い続けている。

太鼓打つ子ら

一、　太鼓打つ子ら　風吹く中でナー　背にしたたる　夢の汗よ

二、　遠く近くに　響いた音でナー　人も集まる　子も歩むよ

三、　波に押されて　行く舟もあろ　音が励みで　行く子らもあろ

作詞　林英哲　八丈島伝承曲

独奏三十五周年のあとがき

独奏者として歩み始めて三十五年になる。当初、日本の太鼓を一人で打つという生き方は先例のないものだったので、演奏の内容も演奏技術も社会での生き方も、すべて手探りで始めるしかなかった。

理解者は少なく、同業の仲間もおらず、それまでの太鼓集団で特殊な集団生活をしていたため社会のこともほとんど知らず、さらにその集団時代のイメージで見られ続けることも、歩みの足かせに思えた。

『あしたの太鼓打ちへ』（晶文社刊）を書いたのは、独奏者として十年が過ぎた頃だ。自分が何者かを自分で確認したかったことと、一人で太鼓を打つ人間が何をどう感じているかを人にも伝えたくて、出来るだけ平易な言葉で、自分にも、活字を読まない若い打ち手にも言い聞かせるように書いた。

鼓手というものは、名前も思考も持たない匿名の兵士か何かのように扱われやすい、そういう現実への抵抗のようなものもあったかもしれない。

その本が思いがけず評価を得て、各紙誌の書評で取り上げられ、全国の学校の選定図書に指定され、高校の国語の入試問題に採用されたり、文章が引用されたりした。「現代文化の深層論」とか「太鼓の花伝書」などという深読みまでされた。嬉しかった。関心を持たなかった人たちが、初めて振りむいてくれたのだ。二十年近いロングセラーになった。

初版から二十五年経ち、現在太鼓を打つ若い人たちは、この本のことも僕の事もほぼ知らない。逆に思わぬ人たち――俳優やミュージシャンなどから、この本に影響されたと今も突然言われることがあって驚くことがある。ありがたいことだが、たとえもう一度書けと言われても、この内容を今の自分では書けない。当時、四十歳手前、我ながらよく書いたと思う。

この本の内容が今も色あせていないなら、なにがしかの意味があるのなら、若い世代にも伝えておこうと思い今回の出版につながった。山下洋輔さんとの対談や新たな章も加え、幻の太鼓打ちの内なる叫び声が首の皮一枚でつながって今のスマホ・SNS世代に届くように、そんな心境だ。出版を快く引き受けて下さった羽鳥和芳社長と矢吹有鼓さん、編集の労をかけた大場葉子さんには、特にお世話をかけた。大感謝である。

そして、お読み下さった皆さま、ありがとうございました。

二〇一七年八月吉日　林　英哲

本書は晶文社から一九九二年十一月に刊行された単行本に、加筆修正を施し増補したものです。

書下ろし　太鼓談　ジャズピアニスト・山下洋輔さんと語る
　　　　　太鼓録「風雲の会」誕生
　　　　　太鼓記「太鼓打つ子ら」
再録　　　太鼓録「英哲太鼓の会」会報より抜粋（一九九八年十一月―二〇一六年四月）

企画協力　遙（HAL）

撮影　　　立木義浩　カバー写真
　　　　　小熊栄　p.10, p.12, p.119, p.132（山下洋輔氏共演、二〇一一、一五年）
　　　　　富山治夫　p.166, p.242（真野町大小、鬼太鼓座時代）, p.299（身延山、一九八五年）
　　　　　木之下晃　p.164-165（小澤征爾氏指揮、東京文化会館、一九七五年）
　　　　　桑本正士　p.168
　　　　　市川幸雄　p.302-303（カーネギーホール、一九八四年）

装・挿画　林英哲
DTP　　　精文堂印刷
編集　　　大場葉子

林 英哲 Eitetsu Hayashi（太鼓奏者）

十一年のグループ活動を経て、一九八二年太鼓独奏者として活動を開始。八四年初の和太鼓ソリストとしてカーネギーホールにデビュー、国際的に高い評価を得る。以後、太鼓独奏者としてロック、ジャズ、現代音楽、民族音楽などの演奏家と共演しながら、かつての日本の伝統にはなかったテクニックと体力を要する大太鼓のソロ奏法の創造、多種多様な太鼓群を用いた独自奏法の創作などジャンルを超越した、全くオリジナルな太鼓表現を築きあげる。二〇〇〇年にはドイツ・ワルトビューネでベルリン・フィルと共演、二万人を超える聴衆を圧倒させるなど、日本から世界に向けて発信する新しい「太鼓音楽」の創造に取り組み続け、国内外でますます活躍のフィールドを広げている。九七年芸術選奨文部大臣賞、〇一年日本伝統文化振興賞、一七年松尾芸能賞大賞を受賞。東京藝術大学客員教授。http://eitetsu.net

あしたの太鼓打ちへ　増補新装版

二〇一七年一〇月二〇日　初版［検印廃止］

著者　林 英哲

発行者　羽鳥和芳
発行所　株式会社 羽鳥書店
一一三―〇〇二二
東京都文京区千駄木一―二二―三〇
ザ・ヒルハウス五〇二
電話番号　〇三―三八二三―九三一九［編集］
〇三―三八二三―九三二〇［営業］
ファックス　〇三―三八二三―九三二一
http://www.hatorishoten.co.jp/

印刷所　株式会社 精興社
製本所　牧製本印刷 株式会社

ISBN 978-4-904702-68-0　Printed in Japan
JASRAC 出1709l9007-01